내 집 명당 만들기

· 풍수지리학의 원리와 과학적 해석 ·

김영덕 지음

추천사 I

"주거생활의 품질 향상"을 위하여 현대의 주거공간은 물리적인 측면의 품질 향상 단계를 넘어서 "언제 어디서나(Anytime Everywhere) 인간의 생활을 담는다"는 "유비쿼터스(Ubiquitous)" 단계의 스마트홈으로 발전되고 있다.

한겨울의 혹한과 한여름의 무더위 속에서도 현대의 건축은 적정한 실내온도와 습도를 유지하여 쾌적한 주거공간을 연출하고 있으며, 각종 시스템의 자동화를 통하여 편리한 주거생활을 지원하고 있다.

쾌적하고 편리한 주거생활 속에서도 현대의 세상살이는 더욱 복잡해지고 있다. 최신공법으로 시공한 건축물도 30년이 지나면 재건축이 진행되는 등 너무도 빠르게 변화하는 세상에서 우리의 역사에 등장하는 풍수지리학(風水地理學)을 현대에 적용한 건축물을 연구한다는 것은 건축가로서 의미 있는 일이라 할 수 있다.

역사는 과거에 대한 집착이 아니라 오늘을 존재하게 하는 어제의 기록이고 오늘은 미래를 존재하게 하는 또 다른 역사이기 때문이다.

우리들 삶의 공간을 만들어내는 건축가로서 고전건축의 한 분야인 풍수지리학을 접목한 『내 집 명당 만들기』는 바쁘게 살아가는 현대인에게 잠시 삶을 돌아보고 여유를 가지게 하는 무더운 여름날의 한줄기 청량한 바람으로 느껴지기를 기대하며 『내 집 명당 만들기』를 추천합니다.

㈜선 엔지니어링 종합건축사 사무소 회장
오 선 교

추천사 Ⅱ

　현대의 자연과학이란 "자연계에서 일어나는 현상에 관한 보편적 원리 및 법칙을 알아내고 해명하는 것을 목적으로 하는 지식체계나 학문"으로 표현할 수 있다. 자연속에 존재하는 각종 자연계 현상 중에서 전국적으로 산재해 있는 백로 서식지와 천년 고목, 그리고 오랜 역사의 고택과 자연바위의 마애선각을 분석하여 보편적 원리와 법칙을 찾는다면 풍수지리학은 하나의 자연과학이 될 것이다.

　그동안 전국에 존재하는 130개 소의 백로 서식지 답사, 천년 고목과 노거수 400주, 천년 고찰과 고택, 문화재청에 등록된 159기의 마애불과 문화재청에 등록되지 않은 190여기의 마애불을 답사하면서 자연속에 존재하는 보편적 원리와 법칙을 찾을 수 있었다. 이러한 보편적 원리와 법칙이 우리민족의 문화유산인 풍수지리학이라 할 수 있을 것이다.

　『내 집 명당 만들기』의 저자는 우리민족의 문화유산인 풍수지리학을 유체역학과 체감온도 이론을 자연지형에 적용하여 풍수지리학이 미신이 아니라 자연과학이라는 것을 입증함으로써 풍수지리학을 현대의 학문으로 해석하는 데 기여하는 연구를 하였다. 현대인의 주거생활을 풍수지리학에 적용할 수 있도록 저술함으로써 누구나 주거생활공간에 풍수지리의 원리를 쉽게 적용하여 명당주거생활이 되기를 바라면서 『내 집 명당 만들기』의 일독을 권한다.

대조풍수지리학회 초대회장
(현 한국교통대학교 평생교육원 풍수지리학 강사)
김 대 환

추천사 Ⅲ

"인간의 생활을 담는 그릇"이라고 할 수 있는 건축물을 계획하고 설계하는 건축사로서 건축물을 설계할 때마다 내가 계획하고 설계하는 건축물에는 그곳에 사는 사람들의 행복이 담겨지기를 바라는 마음으로 설계를 하였다. 어떻게 하면 모든 사람들이 쾌적하고 안정된 주거공간 속에서 행복한 삶을 영위할 수 있을까를 항상 고심하여 왔으며 그 과정 속에서 풍수지리와 건축의 관계를 알게 되었다.

풍수지리학은 분명 미신이 아니라 우리의 역사 속에서 과거시험을 통하여 풍수관리(風水官吏)를 선발하는 등 공인되어 온 소중한 우리민족의 문화유산인 것이다. 그러나 과학이 득세하는 현대에 있어서 풍수지리학은 반드시 과학적으로 증명되고 확인되어야 할 부분이다.

저자(著者)의 풍수지리학에 대한 열정과 건축 전공자로서 삶의 질 향상을 위한 노력을 보면서 건설현장의 격무 속에서도 주경야독하는 자세와 국민의 한 차원 높은 주거생활을 위하여 연구 노력을 아끼지 않은 열정에 격려와 찬사의 박수를 보내고 싶다.

오늘도 도시에 집집마다 행복의 불이 켜지는 것을 보면서 모든 사람들이 명당의 기운을 받으며 쾌적하고 행복한 주거생활을 영위할 것을 기대하는 마음으로 『내 집 명당 만들기』를 추천하는 바이다.

울산광역시 토담 건축사 사무소 대표건축사
김 영 석

머리말

병력주둔에 관한 손자병법 行軍篇의 내용을 보면 "凡軍好高而惡下, 貴陽而賤陰, 養生而處實, 軍無百疾, 是謂必勝"이라 하여 습하지 않고 양지바른 곳에 주둔지를 선정하여 군(軍) 내에 질병발생을 사전에 예방할 수 있도록 하는 등 지형적 위치선정의 중요성을 강조하고 있다. 공병장교로서 일시적인 주둔지뿐만 아니라 병력의 장기적 주둔지인 병영시설 위치선정시 풍수지리학의 이론을 접목하여 시설공사를 추진한 결과 예측했던 좋은 일들을 경험하게 되었으며 그 결과를 병영시설뿐만 아니라 많은 사람들에게 알려 누구나 안전하고 쾌적한 주거생활을 하는데 도움이 되었으면 하는 바람으로 풍수지리학을 소개하고자 한다.

풍수지리학(風水地理學)은 바람(風), 물(水), 지형(地理)에 대한 학문으로서 고려시대와 조선시대에는 과거시험을 실시하여 관리(官吏)를 선발하는 등 우리의 역사 속에서 대단히 중요시 되었던 분야이다. 풍수지리학은 삼국시대부터 역사적 문헌에 나타나고 있으나 선사시대의 주거지 등을 답사하여 보면 기록자료만 없을 뿐 그 시대에도 풍수지리학에 대한 선사인들의 사고방식을 감지할 수 있다. 고려시대에 풍수지리학은 도읍을 선정하는 학문적 기준이 되었으며 국가발전이라는 측면에서 많이 활용되었으나 조선시대에는 음택(陰宅) 중심의 개인이나 가문의 발복을 위한 경향이 일부 확인되고 있다.

   현대에 있어서 풍수지리학은 서구문물의 유입과 과학문명의 발달로 등한시되고 있으며, 특히 "인간의 생활을 담는 그릇"이라고 할 수 있는 건물의 건축은 바람과 물과 지형의 영향을 배제하고 단순한 경제성의 논리에 의해서 건축을 하는 경우가 있어 이로 인한 수맥파의 영향 등 각종 피해사례가 나타나고 있다. 그러나 근래에 뜻있는 분들의 노력으로 풍수지리학 전공박사가 탄생되었고 대학교에 풍수지리학과와 풍수지리학 석사과정이 개설되었으며 신문과 TV 등 각종 언론매체에서 풍수지리학에 대한 내용이 게재되고 방영되는 등 우리의 전통문화를 긍정적으로 바라보기 시작한 것은 참으로 고무적인 일이라 할 수 있다. 따라서 풍수지리학은 시대의 흐름에 맞추어 과학적으로 재해석되고 학문적으로 정립되어 현대생활에 유익하게 활용되어야 한다. 나아가 우리의 일상생활 중에서 많은 비중을 차지하고 있는 주거공간에 대하여 풍수지리학과 현대의 과학적 해석을 근거로 하여 좋은 집터를 선정하고 균형 있는 실내 가구 배치와 침실 배치 등으로 모두에게 쾌적하고 안정과 휴식, 재충전의 주거공간이 되도록 하는 것이 필요하다. 이 책에서는 환경보존과 더불어 쾌적하고 안정된 주거공간을 위하여 풍수지리학의 원리와 과학적 해석을 누구나 쉽게 알 수 있도록 구성하였다. 또한 풍수지리학에 대하여 좀더 깊이 있게 알고자 하는 분들을 위하여 풍수지리학의 역사와 전통풍수지리 및 풍수지리학 관련 과학 이론을 소개하였다.

자연은 자연답게 보존되어야 한다. 그러나 산맥을 자르게 되면 지하수맥의 단절에 따른 지하수위의 변화와 토질함수율의 변화 등으로 식물생장의 변화가 발생하게 되며, 야생동물의 이동로 단절에 따른 생태계의 변화와 파괴를 예측할 수 있다. 또한 산맥의 절단된 공간으로 바람의 새로운 이동로가 개설됨에 따라 작게는 체감온도의 변화가 발생되며 크게는 바람의 이동로 변화에 따른 구름의 이동로 변화와 더불어 강수량의 변화와도 직결되어 가뭄과 호우 발생 등 자연재해 발생의 원인이 되기도 한다. 지방자치 시대의 도래에 따라 도로개발 등 각종 건설공약으로 하루가 다르게 잘리워지고 깎여나가는 우리의 국토를 바라보면서 안타까운 마음 금할 길이 없다. 독자 제현들의 풍수지리학에 대한 관심과 사랑으로 풍수지리학이 과학적으로 더 깊이있게 해석되고 학문적으로 정립되어 우리의 후손들이 대대손손 살아갈 아름다운 우리 국토의 환경이 깨끗하게 보존되기를 기대하는 바이다.

저자 **김영덕**

내 집 명당 만들기

· 풍수지리학의 원리와 과학적 해석 ·

김영덕 지음

추천사 Ⅰ	㈜선 엔지니어링 종합건축사 사무소 회장 오선교	2
추천사 Ⅱ	대조풍수지리학회 초대회장 김대환	4
추천사 Ⅲ	울산광역시 토담 건축사 사무소 대표건축사 김영석	6
머리말	저자 김영덕	8

제1장 풍수지리 입문

1. 명당이란	17
가. 바람과 체감온도	19
나. 지형과 지층	21
다. 전망(View)과 균형	23
2. 명당 주택 및 아파트 찾기	28
가. 바람과 명당	29
나. 물의 흐름과 명당	31
다. 지형과 명당	32
라. 명당의 전망과 사(砂)	34
마. 명당의 주택과 아파트 형태	39
3. 부적절한 주택과 아파트	43
가. 피해야 하는 바람	44
나. 직선으로 흐르는 강물	48
다. 이질지층의 지형	49
라. 피해야 하는 전망과 사(砂)	50
마. 부적절한 형태의 주택과 아파트	54

제2장 생활 실용 풍수지리

1. 동·서 사택론   58
    가. 동사택(東舍宅) 이론   59
    나. 서사택(西舍宅) 이론   60

2. 주택과 대문의 위치   62
    가. 동사택 주택의 배치도   62
    나. 서사택 주택의 배치도   62
    다. 부적절한 주택의 구성   63

3. 아파트의 침실 위치   65
    가. 동사택 아파트의 평면도   66
    나. 서사택 아파트의 평면도   67
    ※ 아파트 침실 배치 따라하기 1·2   68

4. 침실의 침대 배치   78
    가. 침대 배치 (Ⅰ)   78
    나. 침대 배치 (Ⅱ)   79

5. 공부방의 책상 배치   81
    가. 출입문과 책상의 관계   82
    나. 창문과 책상의 관계   83
    다. 적절한 책상 배치   84
    라. 공부방의 가구 배치   85

6. 실내 가구 배치 … 86
   가. 대칭 균형 … 87
   나. 비대칭 균형 … 88
   다. 불균형 … 89
   라. 부적절한 가구 배치 … 90
   마. 적절한 가구 배치 … 91

7. 사무실 책상 배치 … 92
   가. 동사택 사무실의 자리 배치 … 93
   나. 서사택 사무실의 자리 배치 … 94
   다. 추가적인 사무실의 자리 조정 … 95
   ※ 사무실 자리 배치 따라하기 1·2 … 97
   ※ 시계를 이용한 방향 측정법 … 103

제3장 풍수지리학 연구

1. 풍수지리학의 역사 … 108
   가. 원시시대와 고대 … 109
   나. 삼국시대 … 112
   다. 고려시대 … 114
   라. 조선시대 … 116
   마. 일제 강점기 … 117
   바. 현시대 … 120

2. 전통 풍수지리학 … 123
   가. 형기론(形氣論) … 123
   나. 이기론(理氣論) … 131
   다. 풍수지리학 용어 … 141

제4장 풍수지리와 자연과학

1. 풍수지리학 관련 과학 이론	157
가. 유체역학(流體力學)	158
나. 바람과 체감온도	161
다. 토양과 지하수	170
2. 사례연구 (Ⅰ), 유석 조병옥 박사 생가	175
가. 개요	175
나. 풍수지리학적인 해석	177
다. 과학 이론을 적용한 학문적 해석	181
라. 현지답사	184
마. 소결론	186
3. 사례연구(Ⅱ), 세종대왕릉 : 영릉	188
가. 영릉의 역사	188
나. 풍수지리학적인 해석	190
다. 과학 이론을 적용한 해석	191
라. 현지답사	195
마. 소결론	196
4. 마애불 앞에서	198
5. 풍수지리 공부 이야기	209
참고 문헌·그림 순서·표 순서	213
책을 마치면서	220

> 풍수지리학은 과거에는 자연현상을 분석하여 표현한 학문이었다.
> 그러나 현재에는 과학 이론으로 해석이 가능하고
> 학문적으로 정립되어야 하는 우리 민족의 소중한 문화 유산이다.

제1장
풍수지리 입문

1. 명당이란

　명당이란 사전적 의미를 보면 "무덤의 봉분 앞에 있는 평지, 임금이 조회를 받는 정전(正殿)" 등 풍수지리학을 근거로 하여 길지에 위치한 묘자리나 집터 등을 의미한다. 풍수지리학에서 표현하고 있는 배산임수(背山臨水)의 형태, 좌청룡, 우백호, 남주작, 북현무 등 산의 위치와 형태, 물의 흐름 등에 대해 기술한 내용은 그림(1-1)에서 보는 것처럼 자연의 현상을 관찰하여 바람이 가장 약하고 따뜻하며 안정된 장소를 찾아내는 방법을 기술한 것이었다. 우리가 길을 가다보면 추운 곳이 있는가 하면 따뜻한 곳도 있다. 추운 곳은 바람이 세차게 불거나 그늘진 곳이 대부분이며, 따뜻한 곳은 바람막이(담장, 건물 또는 산)가 있어 바람이 약하고 양지바른 곳이 대부분이다. 과거의 풍수지리학은 따뜻하고 안정된 장소를 찾아내는 지침서의 역할을 하였으며 명당이란 "따뜻하고 안정된 장소"를 의미한다. 여기에서 따뜻한 장소는 태양광선이 잘 비추고 바람이 온화한 곳을 말하며, 안정된 장소는 지형을 이루고 있는 지층이 동일지층에 해당하며 전망(View)이 균형을 유지하고 있는 장소라 할 수 있다. 따라서 풍수지리학에 명시된 명당에 대하여 현대의 과학 이론으로 재정립하면 "명당이란 바람의 속도가 약하여 체감온도가 높고 양지바른 곳이며 지형상 동일지층에 해당되어 안정된 지역이다."라고 표현할 수 있다. 즉 "명당이란 바람, 태양광선(일조, 日照), 지형의 복합적 요소 등으로 만들어 지는 것이다."

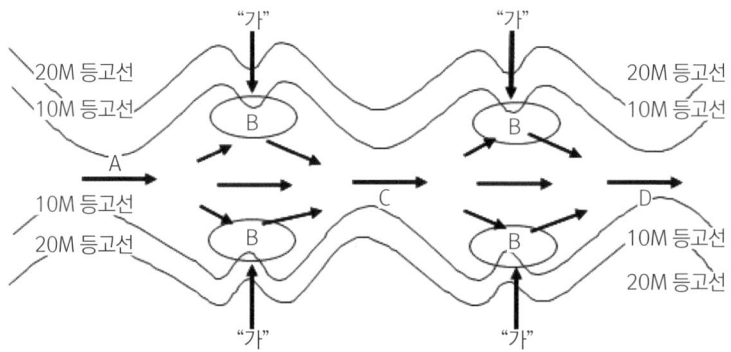

그림(1-1) 명당의 위치도

"B" 지점은 "A" 지점보다 바람의 속도가 약하여 체감온도가 높으며 "가" 축선을 따라 지형이 산맥흐름의 연장선상에 위치하고 있어 동일지층의 안정된 지형에 위치한 명당이라 할 수 있다.

그림(1-1)의 지형에서 A지점에서 D지점 방향으로 바람이 불어오면 B지역은 상대적으로 단면적이 넓으므로 바람의 속도가 약하게 되어 체감온도가 높게 된다. 또한 지형적으로 '가' 축선을 연하여 산맥흐름의 동일지층으로 지형적으로 안정되어있다. 따라서 B지역은 바람의 속도가 약하여 체감온도가 높고 지형적으로 안정된 명당의 조건을 갖추고 있다.

가. 바람과 체감온도

그림(1-2) 공기의 층계

노란색 원 안의 연기는 공기가 수평을 이루고 있는 것을 나타내고 있다. 지표면으로부터의 높이에 따라 공기의 밀도는 다르게 되며 공기는 층을 이루게 된다.

공기는 높이에 따라 그림(1-2)에서 보는 바와 같이 층을 이루고 있으며 공기의 유동현상에 의해 바람이 발생하게 된다. 바람이란 물이 높은 곳에서 낮은 곳으로 흐르는 것과 같이 공기의 압력이 높은 곳에서 낮은 곳으로 이동하는 수평방향으로 움직이는 공기의 유동현상을 말한다. 바람의 종류에는 해륙풍, 산곡풍, 휀(Foehn)풍(높새바람), 하강풍 및 계절풍 등 많은 종류가 있으며, 이러한 바람은 지형에 따라 그 속도가 다르게 변화하고 바람의 속도에 따라 인체가 느끼는 실제 체감온도 또한 변화하게 된다. 즉 동일한 기온 조건에서 지형에 따라 인체가 느끼는 체감온도는 다르게 되며, 어떠한 지형에 건축을 하느냐에 따라 연중 온화한 바람과 따뜻한 곳이 있는가 하면 연중 세찬 바람과 추운 곳이 있게 된다. 바람과 지형의 관계에 있어서 바람의 속도는 그림(1-3)에서 보는 바와 같이 A지점에서 바람의 속도는 빠르게 되며 B지점에서는 바람이 통과할 수 있는 단면적이 A지점에 비해 크게 되므로 바람의 속도는 느리게 되며 C지점에서 바람의 속도는 다시 빨라지게 되는데 이러한 바람의 속도에 따라 A지점의 체감온도는 낮게 되고 B지점은 바람의 속도가 약하므로 체감온도가 높게되며 C지점은 바람의 속도가 빨라지므로 체감온도는 낮아지게 된다. 따라서 그림(1-3)에서 보는 바와 같이 B지역이 바람의 속도가 느리고

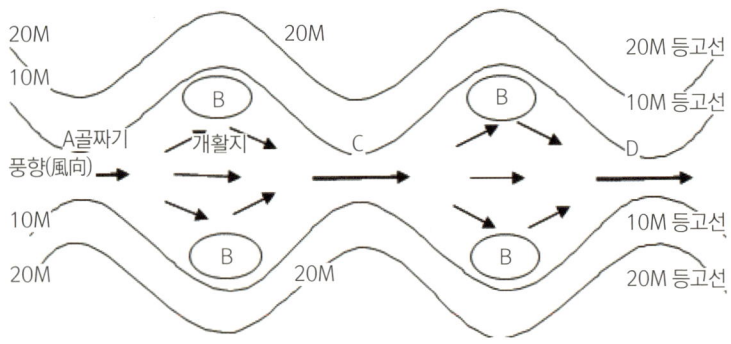

그림(1-3) 바람의 속도와 체감온도(등고선 지도)

구분	A 지역	B 지역	C 지역
바람의 속도	빠르다	느리다	빠르다
체감온도	춥다	따뜻하다	춥다

체감온도가 높은 따뜻한 곳으로 바람과 체감온도를 고려한 명당지역이라 말할 수 있으며, 이론과 유사한 실제지형은 그림(1-4)에서 보는 바와 같다.

그림(1-4) 바람의 속도와 체감온도(실제 지형)

나. 지형과 지층

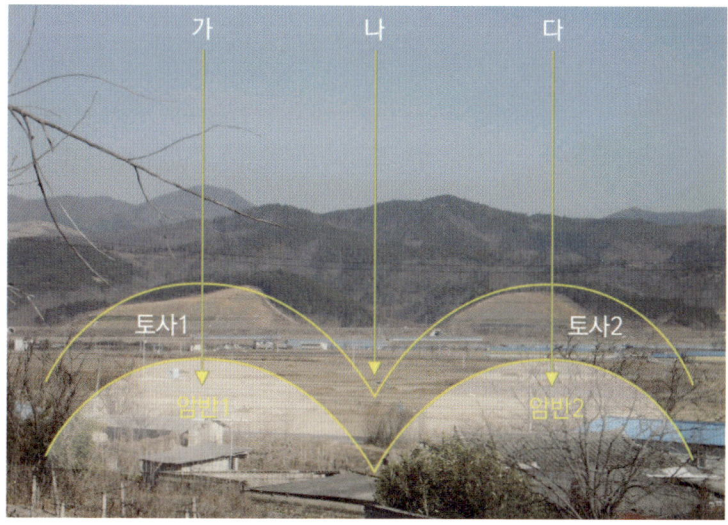

그림(1-5) 동일지층과 이질지층(단면도)

암반1과 암반2는 이질지층이며 "나" 지점은 이질지층이 만나는 곳으로 불안정한 지형이며 "가", "다" 지점은 동일지층 위의 지점으로 안정된 좋은 지역이다.

바람과 체감온도 측면에서 아무리 따뜻한 위치라고 하더라도 지형적으로 이질 지층을 만나 지각 변동이 있거나 수맥이 흐르는 장소라고 한다면 명당이라고 말할 수 없다. 따라서 명당이란 지형적으로 동일 지층에 위치하여 안정된 장소가 되어야 한다.

그림(1-6) 동일지층의 연장선상에 위치한 건물

노란색 화살표 방향으로 산맥의 흐름이 이어지고 있으며 산맥흐름의 연장선상에 위치한 건물은 동일지층 위에 건축되어진 안정된 좋은 건물이라 할 수 있다.

그림(1-5)에서 보는 바와 같이 "가", "다" 축선은 동일지층에 해당되며 "나" 축선은 이질지층이 만나는 위치라고 할 수 있다. 따라서 명당이란 지형적으로 동일지층 위에 있어야 안정된 지형 위에 위치하는 것이 되며 그림(1-6)에서 보는 바와 같이 산맥의 연장선상에 위치한 건물은 지형적으로 동일지층 위에 건축된 안정된 건물이라 할 수 있다.

다. 전망(View)과 균형

명당의 요건인 바람과 체감온도, 지형과 지층에 이어서 전망과 균형 또한 대단히 중요한 부분을 차지한다. 건물을 중심으로 주변의 경관을 보았을 때 주변의 경관은 균형을 유지하고 있어야 하며, 실내장식 또한 균형을 유지하고 있어야 한다. 이러한 균형의 종류에는 대칭 균형과 비대칭 균형의 두 종류로 크게 분류할 수 있으며 대칭 균형은 그림(1-7, 8)에서 보는 것처럼 좌우 대칭의 형태를 이루고 있어 시각적·심리적 무게의 중심을 유지하여 안정감을 느끼게 하는 좋은 형태이다.

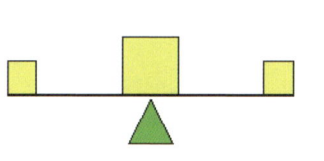

그림(1-7) 대칭 균형(Ⅰ)   그림(1-8) 대칭 균형(Ⅱ)

대칭 균형은 좌우대칭을 이루고 있는 균형의 대표적인 형태이며 시각적 심리적 무게의 중심을 유지하여 안정감을 느끼게 하는 좋은 형태이다.

비대칭 균형은 그림(1-9, 10)에서 보는 것처럼 좌우대칭은 아니지만 시각적·심리적 무게의 중심을 유지하여 안정감을 갖게 하는 좋은 형태이다. 즉, 대칭 균형과 비대칭 균형은 우리의 시각적 안정감을 유지하게 하여 심리적 안정감을 형성하게 한다.

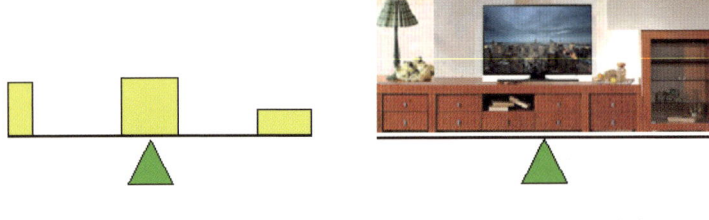

그림(1-9) 비대칭 균형(Ⅰ)   그림(1-10) 비대칭 균형(Ⅱ)

비대칭 균형은 좌우 대칭은 아니지만 중심축을 기준으로 좌우의 시각적 무게가 균형을 이루고 있어 안정감을 느끼게 하는 좋은 형태이다.

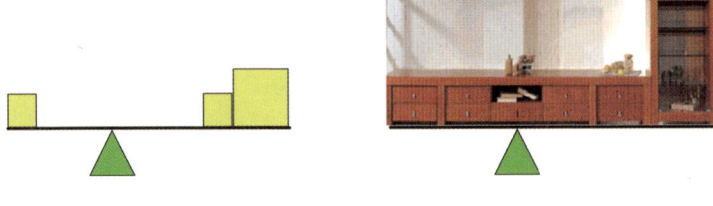

그림(1-11) 불균형상태(Ⅰ)   그림(1-12) 불균형상태(Ⅱ)

중심축을 기준으로 시각적 균형을 이루지 못한 상태로서 상기 그림을 보았을 때 보는 이로 하여금 우측으로 기울어지거나 무너질 것 같은 느낌을 가지게 한다. 즉 예측할 수 없는 어떤 변화를 가져올 것 같은 불안감을 느끼게 하는 좋지 않은 형태이다.

그러나 그림(1-11, 12)에서 보는 바와 같이 시각적 불균형은 한쪽으로 곧 기울어지거나 넘어질 것 같은 느낌을 주게 되어 시각적·심리적 불안감을 느끼게 한다.

이러한 균형과 불균형 이론은 우리의 심리적 안정과 불안을 느끼게 하는 시각적 요인이며, 심리적 안정과 불안의 종류에 따라 아드레날린의 분비 등 신체 내의 신경내분비 수준에서 자율신경계의 신경전달물질의 분비에 영향을 미치게 되어 건강에 도움이 되는가 하면 각종 질병 발생의 요인이 되기도 한다. 따라서 주택 또는 아파트 선정시 전망을 고려하여 심리적 안정감을 가질 수 있는 지형을 선택하는 것이 필요하다. 이러한 균형은 전망뿐만 아니라 실내의 가구 배치에도 적용이 필요하다. 균형에 대해 좌우 대칭 또는 비대칭의 균형에 있어서 집점(集点, 어떤 물체를 보았을 때 우리의 시선이 최종적으로 멈추는 곳을 의미한다. 그림(1-13)의 ②번 그림에서는 가운데를 강조한 부분이며, ③번 그림에서 좌우측의 강조한 부분이 집점(集點)이 된다.)의 형성은 빼놓을 수 없는 중요한 이론으로서 그림(1-13)에서 보는 것처럼 ①번 그림은 중앙을 기준으로 좌우 대칭이며 어느 쪽으로도 기울어지지 않았으나 균형을 쉽게 알아 볼 수 없는 상태에 있다. 그러나 ②번 그림은 ①번과 동일하나 가운데 부분의 강조로 집점(集點)을 형성함에 따라 좌우 대칭의 시각적 균형은 뚜렷하게 되었다. ③번 그림은 양쪽 끝에 강한 요소를 두어서 시각적 균형을 유지할 수 있게 하였다. 그러나 ③번 그림은 집점 형성이 1개소가 아닌 양쪽 끝의 2개소에 위치하게 되어 시각적 집중을 분산하게 되는 효과를 가져오게 된다.

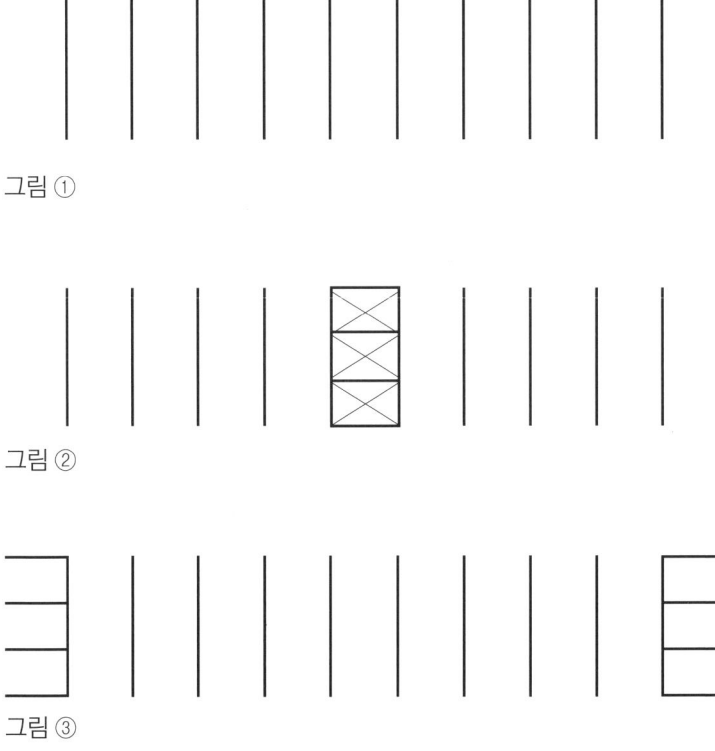

그림(1-13) 균형과 균형중심의 강조

(1) 중앙 양쪽이 대칭이기에 이것은 수학적으로 균형 잡혔다. 그러나 그 균형은 쉽게 알아 볼 수 없다. 그 결과는 단순한 연속적 나열이다.
(2) 일련의 똑같은 수직선들의 나열에서의 균형은 중앙을 강조함으로써 눈에 두드러지게 되었다.
(3) 일련의 나열의 양쪽 끝에 강한 요소를 두어서 그 사이의 균형 중심을 의미하여 균형이 이루어진다.(참고 문헌 7)

표(1-1) 균형과 불균형 상태 비교

구분	균형	불균형
종류	대칭 / 비대칭	-
시각심리상태	안정	불안정
심리적 영향	안정, 집중, 평온	불안정, 산만, 불안
신체적 영향	안정적 신체리듬 형성	방어적 신체리듬형성
집점	있음	-

이상에서 알아본 균형과 불균형의 시각적 상태에 따라 심리적·신체적 영향은 표(1-1)에서 보는 것처럼 대칭 또는 비대칭 균형을 이루고 있을 경우는 심리적 안정과 평온을 가져오며, 수험생들에게는 정신적 집중할 수 있는 효과를 가져오게 된다. 전망은 우리의 시각과 정신에 영향을 미치게 되어 신체까지 영향을 미치게 되는 것으로서, 예를 들어 "전망(View)은 여러분 마음속에 그려진 한 장의 그림"이라고 표현할 수 있다. 즉 세상을 살아가면서 당신의 마음 속에 성공한 사람이 되는 그림을 그리고 살아간다면 당신은 언젠가는 성공하는 사람이 될 수 있을 것이다. 전망은 바로 성공한 사람의 그림과 같은 당신의 마음 속에 그려진 한 장의 그림이라고 말할 수 있다.

2. 명당 주택 및 아파트 찾기

명당이란 "바람의 속도가 약하여 체감온도가 높고 양지바른 곳이며 지형상 동일지층에 해당되어 안정된 지역이다." 이러한 명당은 바람(風), 물(水), 지형(地理)에 대한 관찰과 분석을 통하여 누구나 쉽게 찾을 수 있다.

표(1-2) 바람·물·지형의 상호관계

구분	바람	물	지형
바람	-	· 바람의 흐름은 물의 흐름을 따라 바람도 같이 흐른다.	· 바람은 장구한 세월에 걸쳐서 지형을 변화시킨다. · 도시 속의 바람은 도시 속의 개활지에 해당하는 도로를 따라 흐른다.
물	· 물의 흐름을 보면 바람의 흐름을 예측할 수 있다.	-	· 물은 지형을 따라서 흐르며, 물의 흐름을 보면 지형속의 암반 상태를 예측할 수 있다.
지형	· 지형은 바람의 방향을 결정짓는 주요 요인이다.	· 지형은 물의 흐름과 방향을 결정짓는 주요 요인이다.	-

※ 바위보다 강한 것은 낙숫물이고, 물보다 강한 것은 바람이다.

풍수지리학(風水地理學)에 대하여 좀더 자세하게 논술한다면, 바람을 보기 위해서는 지형을 관찰해야 하고, 지형을 관찰하게 되면 바람의 흐르는 방향과 속도 그리고 바람이 저장되어 있는 공간을 확인할 수 있다. 또한 물의 흐름을 관찰하게 되면 지형과 지형의 구성을 확인할 수 있으며, 바람의 흐르는 방향을 확인할 수 있다. 바람과 물에 이어서 지형을 관찰하면 혈(穴)자리를 찾을 수 있으며 바람과 물의 흐름을 판단할 수 있다.

이상에서 알아본 것처럼 바람과 물과 지형은 상호간에 있어서 불가분의 관계를 가지고 있다. 이러한 바람(風)과 물(水)과 지형(地形)을 관찰하여 명당(明堂)을 누구나 쉽게 찾을 수 있도록 설명해 보면 다음과 같다.

가. 바람과 명당

(1) 바람을 저장하는 장풍국(藏風局)의 지형

그림(1-14) 바람이 잠시동안 머물다 흘러가는 ○○지역

왼쪽 자루 모양의 지역은 산 위에서 산 아래 지역으로 흘러가는 바람의 일부분이 잠시 머물다 흘러가는 좋은 지역이다.

저수지에 새로운 물이 들어오고 기존 저수지의 물이 흘러나가면서 물고기를 비롯한 수중 생명체들의 삶의 공간이 되는 것처럼 그림(1-14)의 ○○지역은 산 위에서 산아래 지역으로 흘러가는 바람의 일부분이 왼쪽 자루 모양의 지역에 잠시 머물다 흘러갈 수 있는 형태의 지형으로 왼쪽 자루 모양의 지역은 바람의 속도가 약한 온화한 바람이 머물고 있는 좋은 지역이라 말할 수 있다.

(2) **바람의 통로를 벗어난 좋은 지역**

그림(1-15) 바람의 이동로를 벗어난 좋은 건물지역

도시 속의 바람은 장애물이 없는 도로를 연한 개활지를 통해 이동하게 되며, 원 안의 건물 지역은 흐르는 바람 통로의 안쪽에 위치해 바람의 이동로로부터 벗어난 좋은 지역에 위치한 건물이다.

강물의 흐름이 곡선을 그리면서 흘러갈 때 곡선 안쪽은 제방둑이 보호되고 모래 등 퇴적물이 쌓이기도 하며, 물흐름의 속도는 약한 지역이 된다. 바람의 흐름도 물의 흐름과 같이 도로를 연하여 곡선 안쪽 부분인 원 안의 건물 지역은 바람의 속도가 약한 곳으로 바람(風)을 고려하였을 때 좋은 위치에 해당하는 건물 지역이다.

나. 물의 흐름과 명당

(1) 원을 그리며 흘러가는 유정한 강물

그림(1-16) 강의 형태와 아파트

원을 그리며 흐르는 강물은 아파트를 중심으로 감싸주는 듯한 형태로 흐르고 있다. 강물의 흐름을 보았을 때 아파트는 산맥의 연장선 상에 위치한 것으로 예측할 수 있으며 바람의 흐름 또한 약한 곳으로 좋은 지역에 위치한 아파트이다.

그림(1-16)에서 강물은 아파트를 중심으로 원을 그리듯이 흐르고 있어 지금은 아파트단지에 의해 지형이 다소 변화되었으나, 우측의 화살표 방향으로 산맥이 내려와 있었을 것이라고 예측할 수 있다. 또한 강물의 흐름을 따라 바람의 이동 방향을 고려했을 때 아파트 지역은 곡선의 안쪽에 위치하여 바람의 속도가 낮으며 지형적으로 산맥의 연장선상인 동일 지층에 위치하고 있음을 알 수 있다.

다. 지형과 명당

(1) 동일지층의 아파트

그림(1-17) 동일지층에 위치한 안정된 아파트

노란색 원 안의 남향 아파트는 산맥흐름의 연장선상에 위치하여 동일 지층의 안정된 아파트이며 일조 측면에서도 대단히 좋은 아파트라고 할 수 있다.

수맥이란 두 개의 산맥과 산맥의 이질 지층이 만나는 장소에 대부분 위치하고 있으며 동일지층의 산맥은 수맥이 거의 없는 안정된 지형이다. 그림(1-17)에서 보는 아파트 지역은 산맥흐름의 연장선상에 위치하고 있으므로 동일 지층 위에 위치한 안정된 아파트이며 건물 배치는 남향으로 인동(隣棟) 간격(건물 간격)과 앞뒤 건물의 높이를 고려했을 때 일조 측면에서도 대단히 좋은 아파트라고 할 수 있다.

(2) 명당지역

그림(1-18) 명당지역

　노란색 원 안의 학교를 중심으로 좌측의 능선과 우측의 능선이 학교를 감싸고 있어 세찬 바람을 피할 수 있으며, 건물은 산맥의 연장선상에 위치하고 있으므로 동일 지층과 온화한 바람을 모두 갖춘 명당지역 학교이다.

지형적인 측면에서 노란색 원 안의 학교는 산맥의 연장선상에 있으므로 동일 지층 위에 위치하고 있으며, 체감온도 측면에서 좌우측의 능선이 학교를 감싸고 있으므로 바람의 속도가 약하고 따뜻한 지역이므로 체감온도와 안정성을 모두 갖춘 뛰어난 명당 지역의 학교라고 할 수 있다.

라. 명당의 전망과 사(砂)

(1) 주택과 아파트의 안산

그림(1-19) 안산을 갖춘 아파트

아파트 현관문을 열고 바라보았을 때 사진과 같은 건물 등은 안산(案山)의 역할을 하는 귀한 사(砂)에 해당하며, 성공적인 사회 활동 또는 재산의 증식을 의미한다.

아파트 현관문 또는 거실문을 열었을 때 정면에 그림(1-19)의 사진과 같은 건물 등이 조망되었을 경우는 풍수지리학적인 측면에서 안산에 해당하며, 사진과 같이 보이는 안산은 원활한 사회활동 또는 재산의 증식 등을 의미하므로 좋은 위치라 할 수 있다.

그림(1-20) 안산을 갖춘 아파트 명당 위치도

노란색 원 안의 아파트에서 바라보았을 때 녹색 원 안의 건물은 훌륭한 안산의 역할을 하고 있으므로 노란색 원 안의 아파트는 아파트 중에서도 명당 지역에 해당하는 아파트라고 할 수 있다.

안산 집 또는 묘지 앞의 가장 가까이 있는 산을 말한다. 사회생활, 책상, 배우자 등으로 해석한다.(제3장 2항 「다」 풍수지리용어편 참조)

노란색 원 안의 아파트에서 현관문을 열고 바라보았을 때 녹색 원 안의 건물은 훌륭한 안산의 역할을 하므로 노란색 원 안의 아파트는 원활한 사회 활동과 재산의 증식을 기대할 수 있는 아파트 중에서도 명당 지역에 해당하는 아파트라고 할 수 있다.

(2) 대귀격(大貴格)의 사(砂)

그림(1-21) 대귀격(大貴格)의 안산

> 경북 구미에 있는 천생산으로 故 박정희 대통령 생가에서 바라본 모습이며, 이와 유사한 산 또는 건물 등이 있으면 대단히 훌륭한 사(砂)가 된다.

그림(1-21)에서 보는 것처럼 산의 정상이 수평으로 된 형태의 안산을 일자문성(一字文星)이라고 하며, 바위로 형성된 일자문성은 특히 대귀격(大貴格)으로 판단한다. 故 박정희 대통령은 위 사진의 "대귀격의 사(砂)로 인해 대통령이 되었다"는 설(說)이 있을 만큼 귀한 사격(砂格)에 해당하는 산이다. 그러므로 이러한 산은 반드시 보존되어야 할 명산이라고 할 수 있다.

(3) 부봉사(富峰砂)의 사(砂)

그림(1-22) 부봉사(富峰砂)의 산

일출(日出)의 형태 또는 바가지를 엎어놓은 형태의 산은 부(富)와 성공을 의미하므로 부봉사(富峰砂)의 산이 있으면 좋은 집터라고 말할 수 있다.

그림(1-22)에서 보는 것처럼 산의 형태가 바가지를 엎어 놓거나 철모 모양의 산은 금형(金形)의 산으로 부봉사라고 하며, 부의 축적과 성공을 의미한다. 이러한 부봉사 형태의 산이 일출의 모습일 때는 대귀격이라 말할 수 있다.

 **Tips**

일자문성(一字文星) '一'字 모양을 뜻하는 용어로서 대귀격이라고 할 수 있다.(제3장 2항 「다」 풍수지리용어편 참조)

(4) 문필봉(文筆峰)의 사(砂)

그림(1-23) 문필봉(文筆峰)의 산

> 거꾸로 세워놓은 붓끝 형태의 산은 문필가, 선비, 학자 등과 관련이 있는 산으로 집 주변에 문필봉이 있으면 자녀 교육에 도움이 되는 좋은 집터라고 할 수 있다.

그림(1-23)에서 보는 것처럼 산의 형태가 거꾸로 세워놓은 붓끝의 모양을 하고 있으므로 문필봉(文筆峯)이라고 한다. 문필봉 형태의 산은 목형(木形)의 산형으로 직선과 성장의 모습을 가지고 있으며, 문장가, 선비, 학자, 공무원 등을 배출하는 기운을 가지고 있으므로 자녀교육에 좋은 형태의 사(砂)라고 할 수 있다. 그림(1-23)의 문필봉은 대전광역시 유성구에서 볼수 있으며 유성구(儒城區)는 한자어로 선비유(儒), 성성(城)으로 선비들의 성(城, Castle)이라는 의미를 가지고 있으며 지명(地名) 자체가 학자, 선비 등을 의미하고 있다. 유성구는 전국의 지역구 단위에서 가장 많은 석박사 학위의 인재들과 연구단지가 모여 있는 지역이다.

마. 명당의 주택과 아파트 형태

(1) 균형을 유지한 좋은 건물

그림(1-24) 균형과 안정을 유지한 건물

시각적 집점(集點)을 가운데 부분으로 하였으며, 집점을 중심으로 좌우 균형과 안정을 유지한 좋은 형태의 건물이다.

건물이 노란색 원 안의 가장 높은 부분과 한 개의 시각적 집점(集點) 기준선을 중심으로 좌우균형을 유지하고 있어 안정성을 유

 Tips

> **집점(集點, Focal Point)** 저울은 균형을 이루고 있으며 그 중심이 되는 지점이 있다. 이것을 균형의 집점이라 한다. 건축물이나 미술품에서 한참 바라보면 최종적으로 눈이 멈추어 휴식하는 곳이 집점이며, 대개의 경우 건축물의 집점은 주출입구가 되는 경우가 많다.(1장 1항 다 참조)

지하고 있다. 그림(1-24)의 균형과 안정을 유지한 건물을 보고있으면 건장하고 튼실한 균형잡힌 몸매를 보는 듯하며 이러한 건물의 거주자는 건물의 모습과 같이 건장하고 튼실한 생활을 할 수 있는 형태의 건물이다.

(2) 부봉사(富峰砂) 형태의 건물

그림(1-25) 부봉사(富峰砂)형태의 건물

> 부봉사는 말 그대로 부자의 운세를 가지고 있으며, 부봉사의 품격이 중급 또는 상급일 경우 회사의 사장 또는 지도자급의 인물을 배출하는 운세를 가지고 있다.

그림(1-25)에서 보는 것처럼 건물의 형태가 둥근 원형으로 건물의 성격을 분류했을 때 오행(五行) 중에서 금형(金形)에 해당하며, 한편으로 부봉사(富峰砂)의 형태로 표현할 수 있다. 부봉사는 부자(富者), 금형(金形)의 산은 회사 사장 등 지도자 격의 인물을 배출하는 기운을 가지고 있다.

(3) 문필봉(文筆峰) 형태의 지붕을 갖춘 학교건물

그림(1-26) 문필봉(文筆峰)형태의 지붕을 갖춘 학교

문필봉은 문장가, 선비, 학자 등 학문과 관련이 있으며, 문필봉 형태의 지붕을 갖춘 상기 그림의 건축물은 학교의 성격과 매우 잘 어울리며 또한 조화를 이루고 있는 좋은 건축물이라고 말할 수 있다.

그림(1-26)에서 보는 것처럼 지붕의 형태가 펜 또는 붓끝의 모양을 하고 있으면 문필봉(文筆峰)이라 하며, 이러한 문필봉은 문장가, 선비, 학자, 공무원 등을 배출하는 운세를 가지고 있으며, 상기 그림은 학교의 성격과 잘 어울리는 건축물로서 설계자의 디자인에 대한 세심한 배려가 돋보이는 건물이다. 건축계획 단계에서 건물의 성격에 맞도록 형태를 결정하는 것은 대단히 중요한 부분이다. 종교건축은 종교의 신성과 장엄을 느낄수 있도록 계획하는 것이 필요하며, 학교건축은 산만하지 않고 안정과 집중을 할 수 있도록 계획하는 것이 필요한 것처럼 건물의 성격에 맞게 계획하고 설계하는 것이 건축사만의 전유물이라기보다 건축주의 입장에서도 건물의 성격에 맞는 건물을 건축하는 것은 대단히 중요한 일이라고 할 수 있다.

3. 부적절한 주택과 아파트

명당 주택과 명당 아파트의 반대 개념인 부적절한 주거 지역에 대하여 풍수지리뿐만 아니라 현대의 자연과학 이론을 고려하여 판단하면 다음과 같다.

첫째, 바람을 고려한 주택 및 아파트 : 주거지역으로 세찬 바람이 불어올 수 있는 지형 또는 건축물 등의 구조물이 배치되어 있다면 부적절한 주거지에 해당한다.

둘째, 물의 흐름을 고려한 주택 및 아파트 : 물의 흐름과 바람의 흐름은 동일선상에 위치하고 있으므로 집 앞으로 길게 흘러가는 강물이 있다면 바람 또한 흘러가는 곳이므로 장풍(藏風)이 곤란한 지역이다.

셋째, 지형을 고려한 주택 및 아파트 : 주택 및 아파트는 동일지층 위에 위치해야 하며, 지형적으로 지층과 지층이 만나는 계곡 지역은 피해야 하는 지역이다.

넷째, 균형과 전망 : 주거 지역에서 바라보았을 때 전망이 안정된 형태를 이루고 있어야 하며, 전망이 막혀 있거나 누군가가 감시하고 있는 듯한 형태의 전망은 좋지 않은 전망이라고 할 수 있다.

다섯째, 건물의 형태 : 건물의 형태는 한 개의 집점(集點)을 중심으로 대칭 균형 또는 비대칭 균형을 이루고 있어야 하며, 불균형하거나 또는 산만한 형태의 건물은 좋지 않은 형태라고 할 수 있다.

가. 피해야 하는 바람

(1) 주택 정면에 길게 뻗은 도로

그림(1-27) 주택 정면에 길게 뻗은 도로

흘러가는 도로의 모습이 전망이 좋은 것 같다. 그러나 흐르는 도로 따라 도시 가운데에서의 바람 또한 도로를 따라 흘러가는 곳이므로 장풍(藏風)이 어려운 곳이며, 도로를 연하여 불어오는 바람을 맞을 수 있으므로 주택지로는 좋지 않은 곳이다.

주택 또는 아파트에서 보았을 때 정면에 그림(1-27)과 같은 도로가 갖추어져 있다면 바람은 도로를 따라 흘러가는 곳이므로 바람을 저장할 수 없는 지형이다. 즉 장풍(藏風)이 곤란한 지형이며, 경우에 따라서는 도로를 연하여 불어오는 바람을 맞게 되어 주택지로는 좋지 않은 곳이라고 할 수 있다.

(2) 계곡바람(Ⅰ)

그림(1-28) 골짜기에 위치한 건물

풍수지리학의 가장 기본이 되는 형태는 배산임수(背山臨水)로서 산을 등지고 있어야 한다. 그러나 골짜기를 등지고 있는 형태는 풍수지리학이 추구하는 방향과는 정반대의 좋지 않은 형태이다.

계곡은 응달과 양달이 산재해 있는 지역으로 바람의 생산 공장이라 할 수 있다. 이러한 산골짜기에서 생성된 계곡바람은 차가운 바람으로 풍수지리학에서는 살풍(殺風)이라고 표현할 만큼 인체에 나쁜 바람으로 표현하고 있으며, 지역에 따라 라돈(Radon)이 계곡바람에 포함된 경우도 있다. 또한 계곡이 깊으면 깊을수록 살풍의 강도는 더욱 강하게 되며, 그림(1-28)에서 보는 집의 위치는 살풍의 연장선상에 위치한 잘못 배치된 집이다.

(3) 계곡바람(Ⅱ)

그림(1-29) 골목바람 위치도

계곡바람(殺風)은 산속에만 있는 것이 아니라 도시 한가운데도 존재하는 바람으로 건물과 건물 사이의 좁은 공간은 세찬 바람의 집합 장소이다. 따라서 세찬 골목바람에 인접한 건물은 좋지 않은 불리한 건물에 해당한다.

도시의 아파트 단지에서 건물 모퉁이를 돌아서면 차갑고 세찬 바람이 옷깃을 날리던 일들을 누구나 한번쯤은 경험했을 것이다. 이러한 골목바람은 도시 속의 계곡바람이라 말할 수 있으며, 풍수지리학적인 측면에서 본다면 살풍에 해당하는 대단히 나쁜 바람으로 가능한 멀리 떨어져 있는 것이 유리하다.

(4) 건물 모서리의 바람

그림(1-30) 건물 모서리 인접

옆집 건물 모서리 부분이 현관 정면에 가까이 있거나 살고 있는 집의 벽면을 향해 인접해 있으면 부분적인 계곡바람의 형성과 시각적인 불안감 형성의 요인이 되는 좋지 않은 형태이다.

바람의 방향은 노란색 화살표 방향으로 불어오게 되므로 좌, 우측 바람이 살고 있는 집을 향해 집중적으로 불어오는 형상이므로 체감온도 측면에서 불리하며, 시각적으로도 건물 모서리의 뾰족한 부분을 마주보는 것은 불안감을 형성하는 요인이 되고 있다. 또한 주택건축에서 대문을 열고 마당으로 들어설 때 집의 모서리 부분을 곧바로 마주하는것도 좋지 않은 형태가 된다.

나. 직선으로 흐르는 강물

(1) 무정하게 흘러가 버리는 강물

그림(1-31) 무정한 강물

> 흘러가는 강물의 모습이 뒤도 한 번 돌아보지 않고 떠나가는 듯한 모습의 강물이다. 흐르는 강물 따라 바람 또한 흘러가 버리기에 장풍(藏風)이 어려운 좋지 않은 곳이다.

주택 또는 아파트에서 보았을 때 뒤도 한 번 돌아보지 않고 떠나는 형태의 강물은 바람도 강 따라 같이 흘러가 버리는 지형이므로 바람을 저장할 수 없는 지형이다. 즉 장풍(藏風)이 곤란한 지형이므로 풍수지리학적인 해석으로 기(氣)의 분산이 예상되는 장소이며, 온화한 바람을 기대할 수 없는 불리한 지형이다.

다. 이질지층의 지형

(1) 이질지층이 만나는 지역

그림(1-32) 이질지층의 지역

좌측의 능선과 우측의 능선이 흐르고 있는 가운데 지역 실선 부분은 좌우측 산맥의 이질 지층이 만나는 지역으로, 지형적으로 불안정하며 계곡바람이 불어오는 장소로 주거지로는 부적당한 지역이다.

지형적인 측면에서 좌측의 능선과 우측의 능선 두 개의 산맥이 만나는 지역인 보라색 실선의 부분은 이질 지층이 만나는 지역으로 지형적으로 불안정한 지역이며, 수맥의 우려가 있는 지역이다. 또한 계곡에 위치하여 계곡바람이 불어오는 곳으로 주거 지역으로는 부적합한 지역이다.

라. 피해야 하는 전망과 사(砂)

(1) 전망(View)이 차단된 지역

그림(1-33) 건물측면의 높은 벽면 인접

건물 측면의 높은 벽면이 가까이에 인접해 있으면 시각적으로 앞이 막힌 듯한 형태를 하여 심리적으로 소극적이고 방어적인 행동을 유발하게 하는 좋지 않은 위치의 집터라고 할 수 있다.

현관 또는 건물 정면에 인접한 건물 측면의 높은 벽면이 가까이에 있으면 시각적으로 앞이 막힌 듯한 형태를 하여 전망이 대단히 불리한 상태가 되며, 심리적으로 소극적이고 방어적인 행동을 유발하게 하여 사회생활에 악영향을 미칠 우려가 있다. 따라서 적정한 인동간격을 유지하여 답답하지 않은 전망이 필요하다.

(2) 규봉(窺峰)의 사(砂)

그림(1-34) 규봉(窺峰)의 전망

전방에 보이는 가까운 산의 너머로 멀리 있는 산의 봉우리가 보일 듯 말 듯 한 형태가 마치 담 너머에서 머리를 내밀고 남의 집을 보고 있는 도둑의 모습과 같으므로 규봉(窺峰)이라고 표현한다. 규봉이 정면에 보이는 집은 좋지 않은 위치의 집터라고 할 수 있다.

그림(1-34)에서 보는 것처럼 가까운 산의 너머로 멀리 있는 산의 봉우리가 보일 듯 말 듯 한 형태로 담 너머에서 남의 집안을 엿보고 있는 듯한 모습을 하고 있으므로 엿볼규, 도둑규의 규봉(窺峰)으로 표현한다. 이러한 사(砂)는 도난, 도둑 등과 연관이 있는 좋지 않은 사(砂)에 해당한다. 또한 규봉이 우뚝하게 높게 나타나면 바둑 훈수를 두는 사람의 모습이며 간섭하는 형태로 볼 수 있다.

(3) 현군형(懸裙形)의 사(砂)

그림(1-35) 현군형(懸裙形)의 사(砂)

계곡이 많고 습한 곳에서 자라는 수목이 많은 산은 현군형의 사(砂)로서 이러한 형태의 산이 가까이 있을 경우 도덕적인 문제 등의 발생 우려가 있는 좋지 않은 사(砂)이다.

그림(1-35)에서 보는 것처럼 산의 모습이 계곡이 많은 형태로 색깔이 검은색을 띠고 습한 곳에서 자라는 수목이 많은 산은 현군형의 산으로 형태는 여자의 치마주름 모습을 하고 있다. 이러한 산이 전방에 가까이 있을 경우 구설수 또는 스캔들 등 도덕적인 문제가 발생할 운세를 가지고 있는 좋지 않은 사(砂)라 할 수 있다.

(4) 화산형(火山形)의 사(砂)

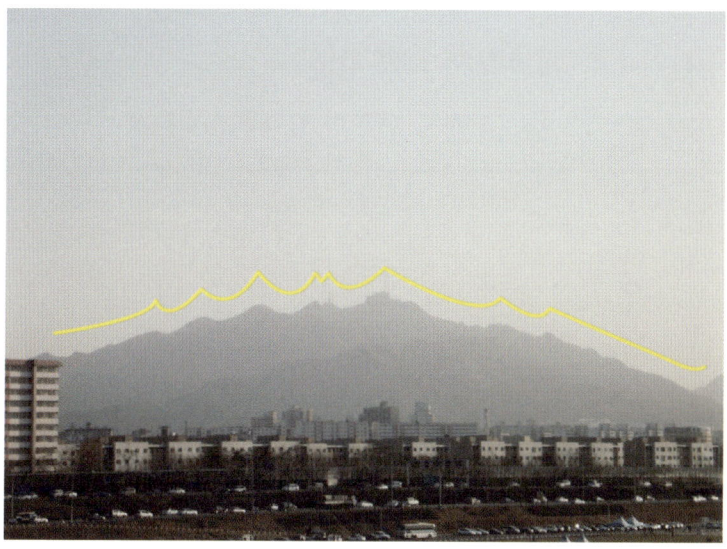

그림(1-36) 화산형(火山形) 사(砂)

산의 모습이 불꽃 모양으로 화재 등 불(火)의 운세를 가지고 있는 산으로 이러한 산이 가까이 있을 경우는 화재에 의한 손실 등 불(火)에 의한 피해 우려가 있는 사(砂)이다.

그림(1-36)에서 보는 것처럼 산의 모습이 불꽃 모양의 산은 화재 등 불(火)의 운세를 가지고 있는 산으로서 이러한 산이 가까이 있을 경우는 화재에 의한 손실 등의 우려가 있는 사(砂)이며, 서울은 관악산의 화기(火氣)로 인해 경복궁이 소실되는 등의 피해를 입었다는 설(說)이 있다. 한편으로는 불의 성질이 가지는 열정, 예술 등의 발전을 의미하기도 한다.

마. 부적절한 형태의 주택과 아파트

(1) 시각적 집점(集點)이 2개인 건물

그림(1-37) 시각적 집점(集點)이 2개인 건물

좌우측 지붕의 돌출된 부분이 시각적 집점으로 작용하여 좌우대칭 균형은 이루고 있으나 집점이 2개이므로 좋지 않은 건물형태 라고 할 수 있다.

건물의 구조가 좌우 대칭형으로 균형은 이루었으나 좌우측 지붕의 돌출된 부분이 시각적 집점으로 작용하여 시각적 분산을 초래하며, 이러한 건물은 주인이 2명 있는 형태이므로 불화의 우려가 있는 건물 형태라고 할 수 있다.

(2) 화형(火形)의 지붕

그림(1-38) 화산(火山)의 형태를 갖춘 건물

불꽃 모양의 지붕을 갖춘 건물은 오행(五行)으로 보면 화(火)에 해당하며, 산형(山形)으로 보았을 때 화산(火山)의 형태로서 화산은 불의 기운을 가지고 있으므로 개인 주택으로는 부적합하다.

그림(1-38)에서 보는 것처럼 지붕의 형태가 불꽃 모양의 화산의 형태를 갖춘 지붕은 화(火)의 기운을 가지고 있으므로 개인 주택으로는 부적합한 형태라고 할 수 있다. 주거공간은 안정되고 평온한 공간이어야 하며, 불꽃처럼 타올랐다 식어버리는 공간이 되어서는 안된다.

제2장
생활 실용 풍수지리

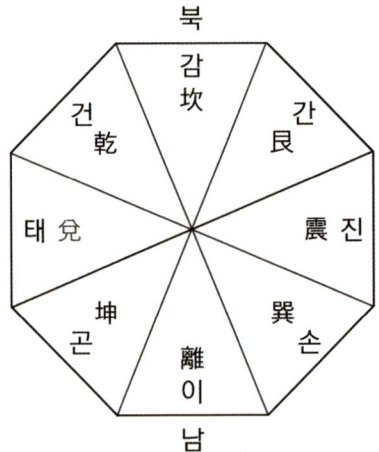

그림(2-1) 동서사택 기본 방위도

　풍수지리에 대한 화제를 가지고 이야기하다 보면 누구의 집은 대문방향이 맞지 않아서 어떤 일이 생겼고, 누구의 집은 집을 증축하고 나서 어떤 일이 있었다는 등의 이야기들을 많이 접하게 되는데, 이러한 이야기의 근본은 동·서 사택론에 기인한다고 볼 수 있다. 주택 풍수에 있어서 대문과 안방 및 주방 등의 위치선정 기준이 되는 동·서 사택론(舍宅論)은 동사택과 서사택 두 종류 중에서 어느 것이 좋고 나쁨을 나타낸 것은 아니고 "A형 타입의 주택", "B형 타입의 주택" 등과 같이 감(坎), 진(震), 손(巽), 이(離) 방위(북, 동, 남동, 남)의 주택을 동사택이라 하고 간(艮), 곤(坤), 태(兌), 건(乾) 방위(북동, 남서, 서, 북서)의 주택을 서사택이라 표현한다. 동·서 사택론에 대해 간단히 소개하면 다음과 같다.

1. 동·서 사택론

그림(2-2) 동·서 사택론 기본방위도

동서사택 이론은 주택에 있어서 가장 많은 바람의 이동로가 되는 대문과 주택 또는 안방의 위치가 상호 연관성을 가지고 좋은 장소에 위치 할 수 있도록 하는 이론이다. 예를 들어 주택의 위치가 북쪽에 위치하여 있으면 주택은 동사택의 방위에 있으므로 대문 또한 동사택의 방위인 북, 동, 남동, 남 의 4개 방위 중에 있어야 길(吉)한 형태의 주택이며, 아파트는 현관(세대 현관)이 서쪽에 있으면 서사택의 방위이므로 안방은 남서, 서, 북서, 북동 4개 방위 중에 위치하고 있는 침실을 안방으로 사용하는 것이 길(吉)한 형태의 아파트가 된다는 이론이다. 여기서 주택은 담장 안의 집과 대문의 관계에서 집은 움직이기 어려우나 대문은 옮길 수 있으므로 집을 기준으로 했으며, 아파트는 각 세대의 현관을 들어서면 그 안에 한 집안이 구성되어 있으며 방과 현관 모두 움직이기 곤란하므로 현관을 기준으로 하여 상생(相生)이 되는 침실을 안방으로 사용하면 된다.

가. 동사택(東舍宅) 이론

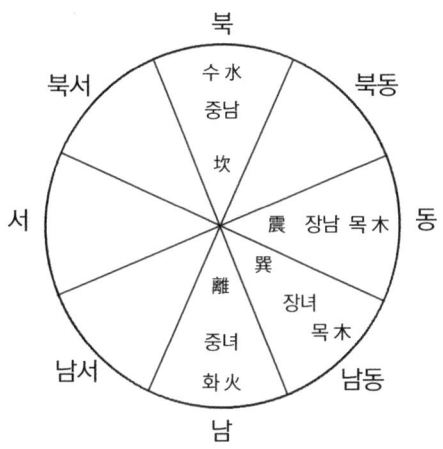

그림(2-3) 동사택(東舍宅) 기본방위도

북, 동, 남동, 남 4개 방위 속의 아파트는 현관과 안방, 주택은 대문과 주택의 중심이 포함되어 있어야 동사택(東舍宅)의 좋은 형태가 된다는 양택풍수(陽宅風水)의 기본 이론이다.

주택과 대문 둘 중에 옮길 수 있는 것은 대문이므로 단독주택은 주택이 어느 방위에 있는가를 확인하여 북, 동, 남동, 남 4개 방위 중 한 개 방위에 있으면 동사택 방위이므로, 대문의 위치를 북, 동, 남동, 남 4개 방위 중에 한 개 방위에 위치하도록 하면 좋은 형태의 주택이 된다. 아파트는 현관(각 세대로 들어가는 문)과 침실 등이 모두 고정되어 있으나 침실은 여러개가 있으므로 현관의 방위를 확인하여 북, 동, 남동, 남 4개 방위에 있으면 동사택 방위이므로 침실의 위치를 북, 동, 남동, 남 4개 방위 중에 있는 방을 선택하여 안방으로 사용하면 좋은 형태의 동사택이 된다는 이론이다.

표(2-1) 동사택 길흉 방위표

현관, 대문 \ 안방, 집	북	북동	동	남동	남	남서	서	북서
북	○	×	○	◎	○	△	△	△
동	○	×	○	○	◎	△	△	×
남동	◎	△	○	○	○	×	×	△
남	○	△	◎	○	○	△	×	△

◎ : 아주 좋음, ○ : 좋음, △ : 보통, × : 아주 나쁨

나. 서사택(西舍宅) 이론

주택과 대문 둘 중에 옮길 수 있는 것은 대문이므로 단독주택은 주택이 어느 방위에 있는가를 확인하여 북동, 남서, 서, 북서 4개 방위 중 한 개 방위에 있으면 서사택 방위이므로 대문의 위치를 북동, 남서, 서, 북서 4개 방위 중에 한 개 방위에 위치하도록 하면 좋은 형태의 주택이 된다. 아파트는 현관(각 세대로 들어가는 현관)과 침실 등이 모두 고정되어 있으나 침실은 여러 개가 있으므로 현관의 방위를 확인하여 북동, 남서, 서, 북서 4개 방위에 있으면 서사택 방위이므로 침실의 위치를 북동, 남서, 서, 북서 4개 방위 중에 있는 침실을 선택하여 안방으로 사용하면 좋은 형

태의 서사택이 된다는 이론이다.

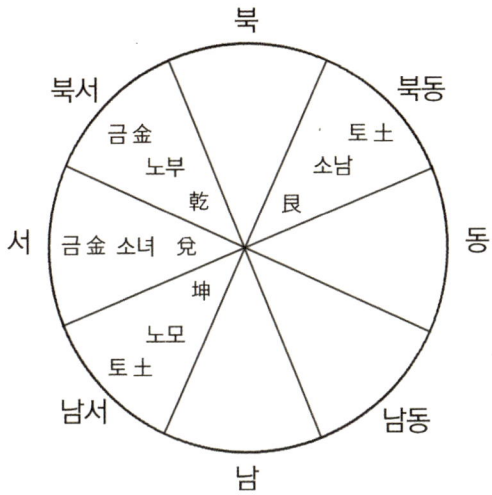

그림(2-4) 서사택(西舍宅) 기본방위도

북동, 남서, 서, 북서 4개 방위 속의 아파트는 현관과 안방, 주택은 대문과 주택의 중심이 포함되어 있어야 서사택의 좋은 형태가 된다는 양택풍수(陽宅風水)의 기본 이론이다.

표(2-2) 서사택 길흉 방위표

현관, 대문 \ 안방,집	북	북동	동	남동	남	남서	서	북서
북동	×	○	×	△	△	○	◎	○
남서	△	○	△	×	△	○	○	◎
서	△	◎	△	×	×	○	○	○
북서	△	○	×	△	△	◎	○	○

◎ : 아주 좋음, ○ : 좋음, △ : 보통, × : 아주 나쁨

2. 주택과 대문의 위치

가. 동사택 주택의 배치도

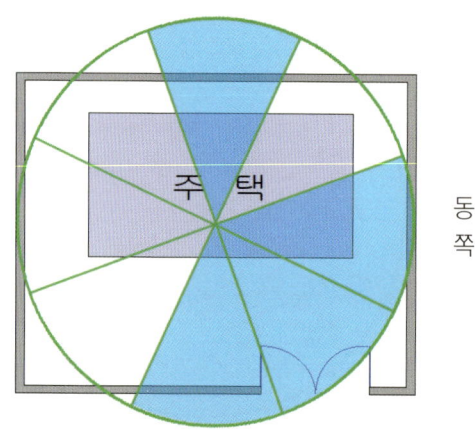

그림(2-5) 동사택의 좋은 주택

청색으로 표시된 부분이 동사택 방위이다. 주택의 위치와 대문의 위치가 모두 동사택 방위에 있으니 원만한 형태의 좋은 주택형태 이다.

그림(2-5)에서 보는 것처럼 담장이 정방형이며 건물과 대문이 모두 동사택 방위에 잘 배치되어있으므로 상생(相生)의 좋은 주택이라고 할 수 있다.

나. 서사택 주택의 배치도

분홍색으로 표시된 부분이 서사택 방위이다. 주택의 위치와 대문의 위치가 모두 서사택 방위에 있으니 원만한 형태의 좋은 주택 형태이다.

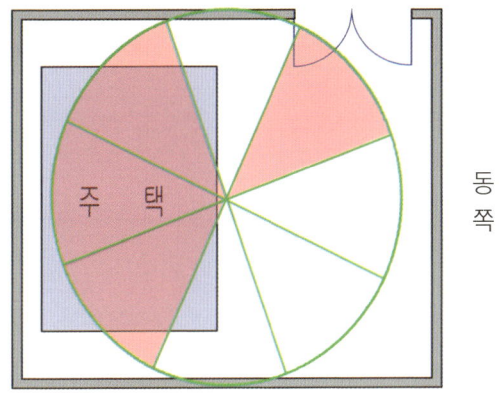

그림(2-6) 서사택의 좋은 주택

그림(2-6)에서 보는 것처럼 담장이 정방형이며 건물은 서쪽에 배치되었으며 대문은 동북쪽에 배치되어 건물과 대문이 모두 서사택 방위(북동, 남서, 서, 북서)에 배치되어 있으므로 서사택의 좋은 주택 배치형태라고 할 수 있다.

다. 부적절한 주택의 구성

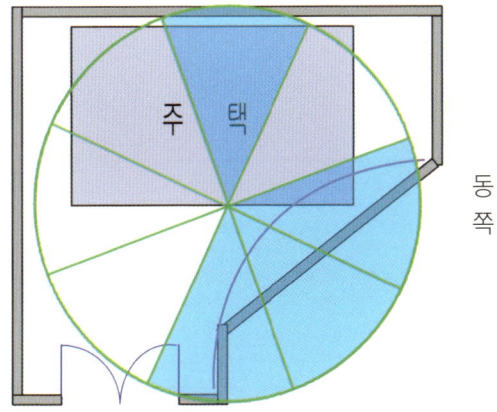

그림(2-7) 부적절한 주택의 구성

건물은 청색으로 표시된 동사택 방위에 위치하고 대문은 서사택 방위에 위치하고있으며 특히 장남과 장녀 방위의 공간이 없는 상태이기 때문에 자식을 얻기가 어려운 운세의 집이라고 할 수 있다.

그림(2-7)에서 보는 것처럼 건물과 대문의 위치가 동사택과 서사택에 각각 있기 때문에 배합이 맞지 않는 주택이며, 특히 장남과 장녀 방위인 동쪽과 남동쪽의 마당이 없도록 담장이 배치되어 있어서 자식을 얻기 어려운 운세를 가진 주택의 배치라고 할 수 있다. 그러나 동쪽과 남동쪽의 담장을 조정하여 정방형의 담장배치를 하고 대문을 남쪽에 배치하게 되면 장남과 장녀의 방위를 확보하게 되어 자식 문제를 해결 할 수 있으며, 동사택의 좋은 형태의 배치가 된다.

3. 아파트의 침실 위치

아파트 또는 주택에서 침실은 하루의 피로를 풀고 내일을 준비하는 휴식과 에너지 재충전의 공간이며, 학생들에게는 공부방의 역할을 겸하게 되는 등 침실의 기능은 다양하고 또한 중요하다.

우리들은 평균적으로 하루 24시간의 3분의 1에 해당하는 8시간 이상을 침실에서 생활하게 되므로 침실이 우리의 정신과 육체에 미치는 영향은 대단히 크다고 할 수 있다. 따라서 침실의 배치에 대하여 현대 건축 계획에서는 부부 침실의 경우 사생활을 보호할 수 있는 독립된 위치에 배치하도록 하고 있으며, 침대 또한 방문을 열었을 때 침대 전체가 한눈에 들어오지 않도록 배치할 것을 권장하고 있다. 자녀들의 침실은 일조가 좋은 남동향 배치를 하여 밝은 분위기가 될 수 있도록 하고 있으며, 노부모님의 침실은 서향 또는 남서향에 배치하는 것이 이상적이다. 그것은 자외선이 강력한 석양에 의한 살균작용으로 건강한 생활 공간을 유지할 수 있고 사회의 발달로 자녀들이 학교 생활과 사회 활동 등으로 아직 집으로 돌아오지 않은 시간인 해질녘 무렵의 적막하고 가장 쓸쓸한 때 석양이 따뜻하게 비추게 되어 쓸쓸함을 다소나마 해소할 수 있고 정신 건강유지에도 도움이 될 수 있기 때문에 서향 또는 남서향의 배치가 적절하다고 할 수 있다. 풍수지리학적인 측면에서 침실 배치를 고려해본다면 그림(2-8, 9)에서 보는 것처럼 동서사택론의 이론에 따라 주택은 대문, 안방, 부엌 등이 동사택 또는 서사택의 같은 방위에 있어야 하며, 아파트는 단위세대의 현관과 안방, 부엌 등이 동,서사택의 같은 방위에 있으면 상생(相生)의 배치가 된다.

가. 동사택 아파트의 평면도

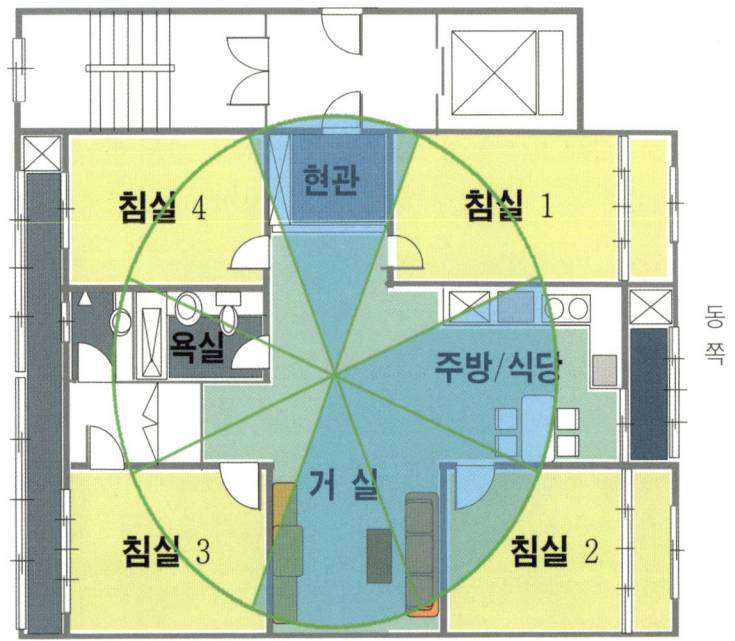

그림(2-8) 동사택 침실 배치 방위도

청색으로 표시된 부분이 동사택 방위이다. 현관과 식당은 동사택 방위에 있으므로 안방을 동사택 방위 즉 침실 2번을 사용하면 모든 것이 잘 갖추어진 동사택이 된다.

그림(2-8)에서 보는 것처럼 아파트 단위 세대의 현관과 식당이 동사택 방위에 있으므로 안방의 위치는 동남쪽에 위치한 침실 2번을 사용하면 동사택(북, 동, 남동, 남) 방위에 현관, 식당, 침실이 모두 잘 갖추어진 동사택이 된다.

나. 서사택 아파트의 평면도

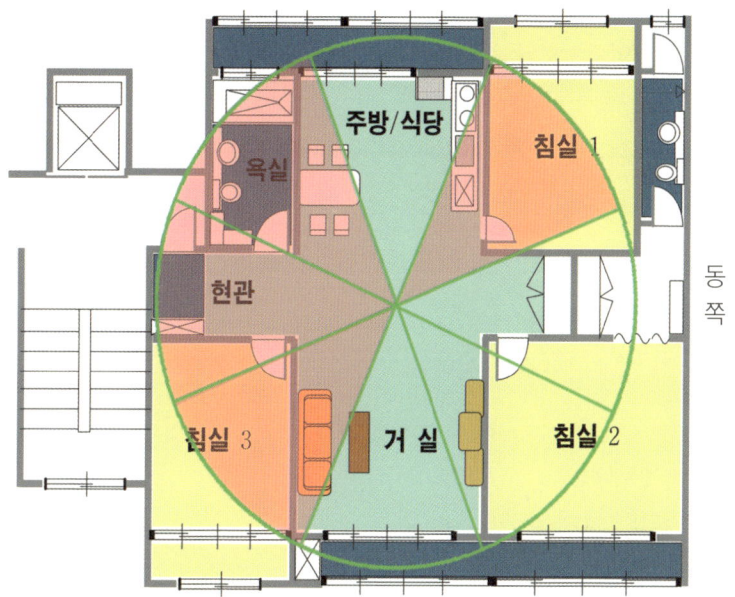

그림(2-9) 서사택 침실 배치 방위도

분홍색으로 표시된 부분이 서사택 방위이다. 현관과 주방은 서사택 방위에 있으므로 안방 즉 부부침실을 침실 1번과 3번 중에서 선택하여 사용하면 서사택 방위에 모든 것이 잘 갖추어진 서사택이 된다.

그림(2-9)에서 보는 것처럼 아파트 단위세대의 현관과 식당이 서사택 방위에 있으므로 안방의 위치는 동북쪽과 남서쪽에 위치한 침실을 부부침실로 사용하면 서사택(북동, 남서, 서, 북서)방위에 현관, 침실이 잘 갖추어진 서사택이 된다.

※ 아파트 침실 배치 따라하기 1

가. 순서

① 현관 위치 확인(방위方位)

② 동·서사택 구분

③ 침실(안방)결정

 ㉮ 침실 출입문 위치 확인(방위方位)

 ㉯ 침실 동·서사택 구분

 ㉰ 침대 위치 결정, 장롱 위치 결정

나. 세부내용

① 현관 위치 확인(방위方位)

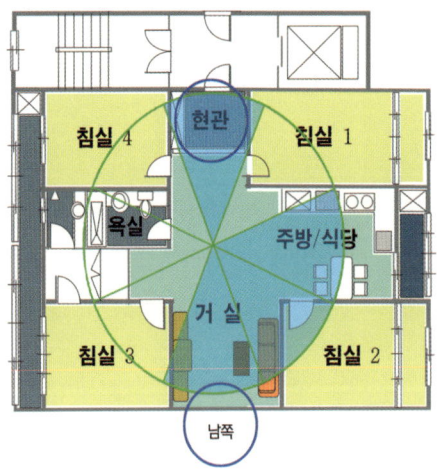

그림(2-10) 침실 배치 따라하기 Ⅰ

· 아파트의 가운데를 기준으로 하여 현관문의 위치를 확인한다.

 (예)그림(2-10)은 현관문이 북쪽에 위치하고 있다.

② 동·서사택 구분

동사택	서사택
동, 남동, 남, 북	남서, 서, 북서, 북동

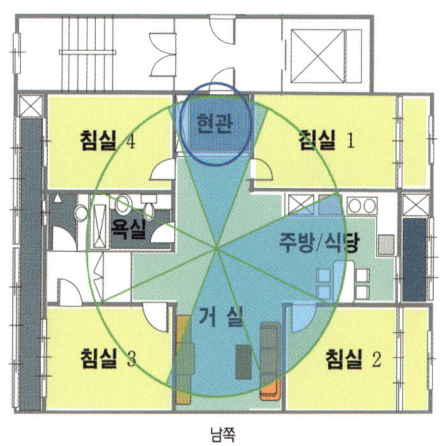

그림(2-11) 침실 배치 따라하기 II

· 현관문의 위치에 따라 동·서사택을 구분한다.

(예)그림(2-11)은 현관문이 북쪽에 있으므로 동사택에 해당한다.

③ 침실(안방)결정

· 현관문의 동·서사택 구분에 따라 안방을 같은 동·서사택 방위에서 결정한다.

(예)그림(2-12)는 동사택이며 동사택 방위에 위치하고 있는 침실은 침실 2이므로 안방은 침실 2를 사용한다.

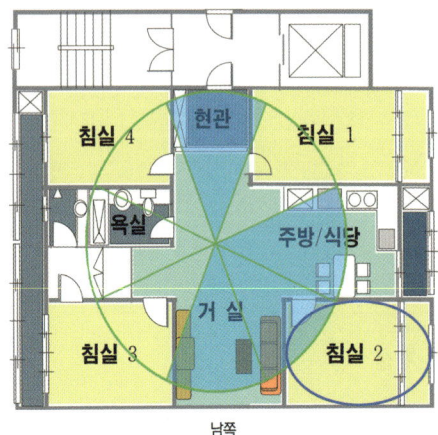

그림(2-12) 침실 배치 따라하기 Ⅲ

㉮ 침실 출입문 위치 확인(방위方位)

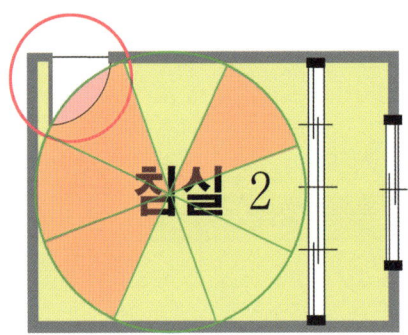

그림(2-13) 침실 배치 따라하기 Ⅳ

· 침실 출입문 위치 확인(방위)
(예)그림(2-13)은 침실 2의 출입문이 북서쪽에 위치하고 있다.

㉴ 침실 동·서사택 구분

동사택	서사택
동, 남동, 남, 북	남서, 서, 북서, 북동

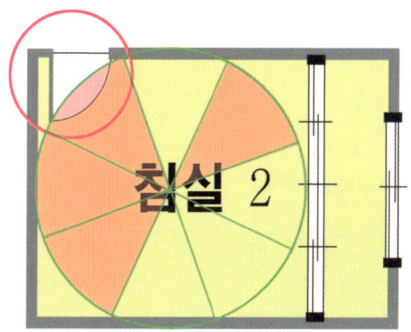

그림(2-14) 침실 배치 따라하기 Ⅴ

· 침실 출입문의 위치에 따라 동·서사택을 구분한다.
(예)그림(2-14)의 침실 2 출입문은 북서쪽이므로 서사택에 해당한다.

㉰ 침대 위치 결정, 장롱 위치 결정

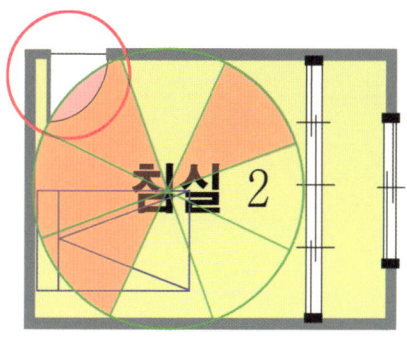

그림(2-15) 침실 배치 따라하기 Ⅵ

· 침대는 침실의 동·서사택 구분에 따라 같은 동·서사택 방위에 위치시킨다.

(예)그림(2-15)의 침실 2는 출입문이 서사택 방위이므로 침대의 위치는 서사택 방위(남서, 서, 북서, 북동)중에서 배치하면 된다.

· 장롱의 위치는 동·서사택 구분에 따라 반대방위의 동·서사택 방위에 배치하면 된다.

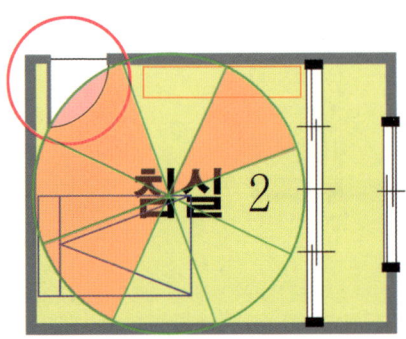

그림(2-16) 침실 배치 따라하기 Ⅷ

(예)그림(2-16)의 침실 2는 출입문이 서사택 방위이므로 장롱은 그 반대의 동·서사택 방위 즉, 동, 남동, 남, 북의 4개 방위 중에서 배치하면 된다.

※ 아파트 침실 배치 따라하기 2

가. 순서
① 현관 위치 확인(방위方位)
② 동·서사택 구분
③ 침실(안방)결정
    ㉮ 침실 출입문 위치 확인(방위方位)
    ㉯ 침실 동·서사택 구분
    ㉰ 침대 위치 결정, 장롱 위치 결정

나. 세부내용
① 현관 위치 확인(방위方位)

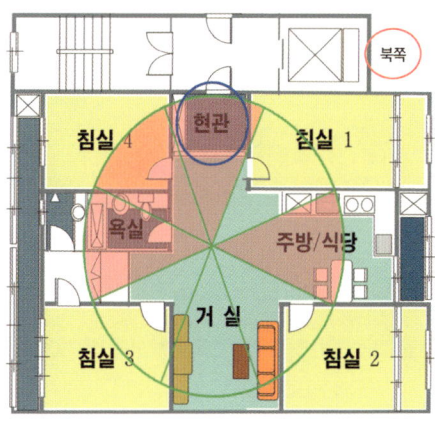

그림(2-17) 침실 배치 따라하기 Ⅰ

· 아파트의 가운데를 기준으로 하여 현관문의 위치를 확인한다.
(예)그림(2-17)은 현관문이 북서쪽에 위치하고 있다.

② 동·서사택 구분

동사택	서사택
동, 남동, 남, 북	남서, 서, 북서, 북동

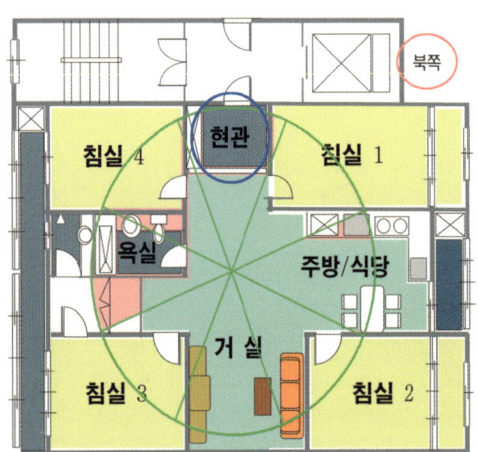

그림(2-18) 침실 배치 따라하기 II

· 현관문의 위치에 따라 동·서사택을 구분한다.
(예)그림(2-18)은 현관문이 북서쪽에 있으므로 서사택에 해당한다.

③ 침실(안방) 결정

· 현관문의 동·서사택 구분에 따라 안방을 같은 동·서사택 방위에서 결정한다.
(예)그림(2-19)는 서사택이며 서사택 방위에 위치하고 있는 침실은 침실 4이므로 안방은 침실 4를 사용한다.

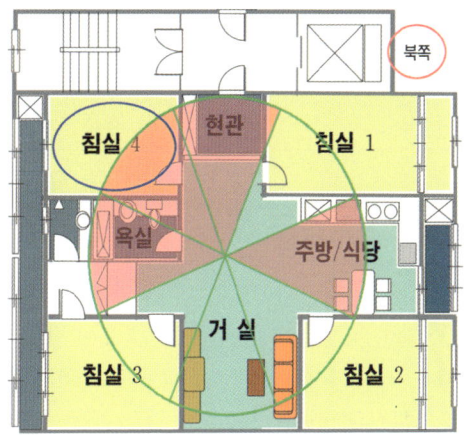

그림(2-19) 침실 배치 따라하기 Ⅲ

㉮ 침실 출입문 위치 확인(방위方位)

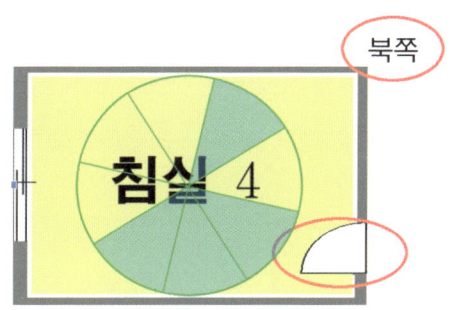

그림(2-20) 침실 배치 따라하기 Ⅳ

· 침실 출입문 위치 확인(방위)

(예)그림(2-20)은 침실 2의 출입문이 동쪽에 위치하고 있다.

㉯ 침실 동·서사택 구분

동사택	서사택
동, 남동, 남, 북	남서, 서, 북서, 북동

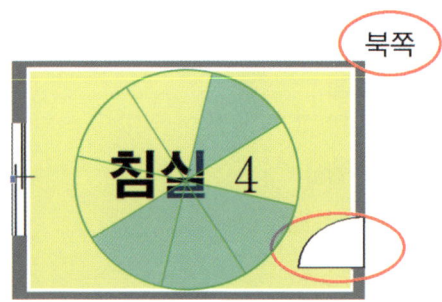

그림(2-21) 침실 배치 따라하기 Ⅴ

· 침실 출입문의 위치에 따라 동·서사택을 구분한다.
(예)그림(2-21)의 침실 4 출입문은 동쪽이므로 동사택에 해당한다.

㉰ 침대 위치 결정, 장롱 위치 결정

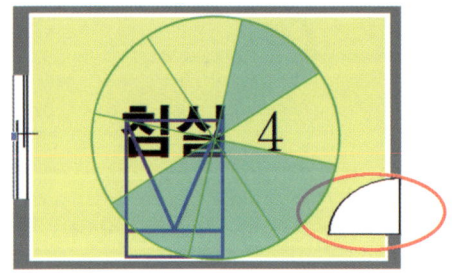

그림(2-22) 침실 배치 따라하기 Ⅵ

· 침대는 침실의 동·서사택 구분에 따라 같은 동·서사택 방위에 위치

시킨다.

(예)그림(2-22)의 침실 4는 출입문이 동사택 방위이므로 침대의 위치는 동사택 방위(동, 남동, 남, 북) 중에서 배치하면 된다.

· 장롱의 위치는 동·서사택 구분에 따라 반대방위의 동·서사택 방위에 배치하면 된다.

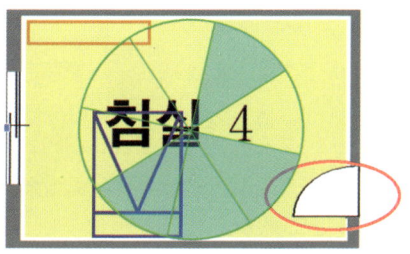

그림(2-23) 침실 배치 따라하기 Ⅷ

(예)그림(2-23)의 침실 4는 출입문이 동사택 방위이므로 장롱은 그 반대의 동·서사택 방위 즉, 남서, 서, 북서, 북동의 4개 방위 중에서 배치하면 된다.

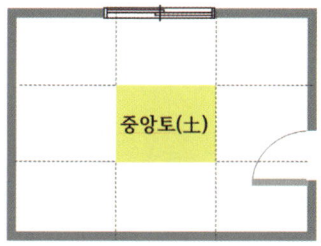

※ 참고사항

가운데 부분은 토(土)에 해당하는 부분으로 동·서사택 모두 사용할 수 있는 공간으로 출입문 또는 현관의 방향과 관계없이 사용할 수 있는 좋은 공간이다.

4. 침실의 침대 배치

가. 침대 배치(Ⅰ)

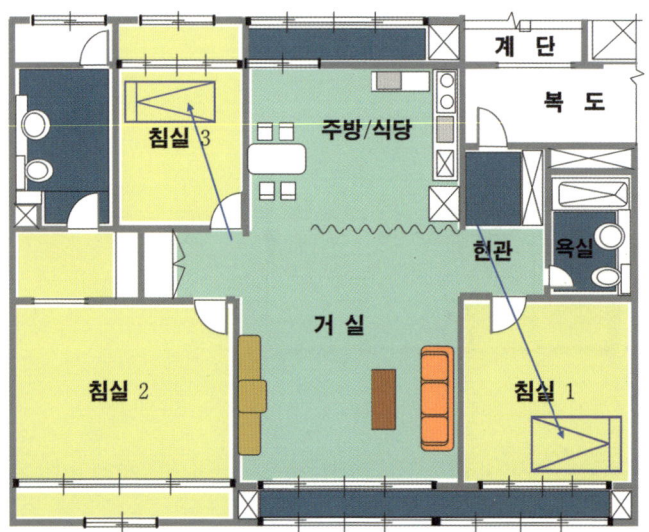

그림(2-24) 침실의 잘못된 침대 배치

보라색으로 표시된 침대의 배치는 침실의 문이 조금만 열려있어도 침대 전체가 보이게 되므로 사생활 노출의 우려가 있으며 우측의 침실을 안방으로 사용할 경우 현관에 노출되므로 특히 나쁜 침대 배치라 할 수 있다.

그림(2-24)에서 보는 것처럼 침대의 배치는 출입문이 조금만 열려있어도 침대 전체가 노출되면 나쁜 배치가 된다. 특히 현관에서 침실내부가 보이는 배치는 숨겨 두어야 하는 부분을 노출시켜 놓은 형태가 되어 풍수에서는 주인의 외도 우려가 있는 형태로 보고 있으므로 반드시 피해야 한다. 또한 침대 배치시 창문에 침대를 인접하여 배치하게 되면 유리창 파손 등 위기상황시 피해를 입을 수 있으며, 유리창을 통한 차가운 기운에 인접해 있으므로 좋지 않은 배치라 할 수 있다.

나. 침대 배치(Ⅱ)

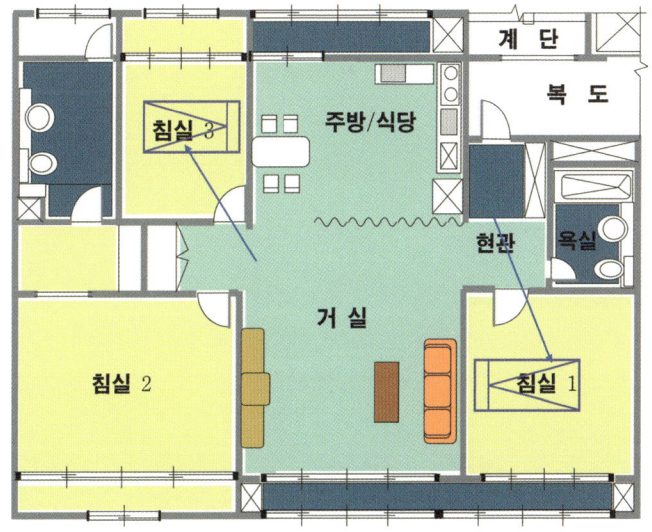

그림(2-25) 침실의 적절한 침대 배치

보라색으로 표시된 침대의 배치는 침실의 문이 조금 열렸을 때 침대 끝 즉 발부분이 먼저 보이게 되므로 사생활 보호가 용이하므로 적절한 침대 배치라고 할 수 있다.

그림(2-25)에서 보는 것처럼 침대의 배치는 출입문이 조금 열렸을 때 침대 끝부분 즉 발끝 부분이 먼저 보이도록 배치하여 사생활이 최대한 보호될 수 있도록 하는 것이 필요하다. 또한 창문으로부터 격리시켜 창문을 통한 차가운 기운으로부터 벗어나고, 유리창 파손 등 위기 상황에 대한 피해를 최소화 할 수 있도록 배치하는 것이 필요하다.

5. 공부방의 책상 배치

그림(2-26) 공부방의 책상 배치

　자녀들이 사용하는 공부방의 가구 배치는 세심한 배려가 필요하다. 그것은 자녀의 장래와 직결되며 국가의 미래와도 연관이 있기 때문에 교육은 백년대계(百年大計)라고 표현할 만큼 중요도가 높은 것이다. 따라서 공부방의 가구는 자녀들이 안정되고 평온한 공간에서 공부에 집중할 수 있도록 배치하는 것이 필요하다. 공부방에서 가장 중요한 책상의 배치에 대하여 기본적인 내용을 소개하면 다음과 같다.

가. 출입문과 책상의 관계

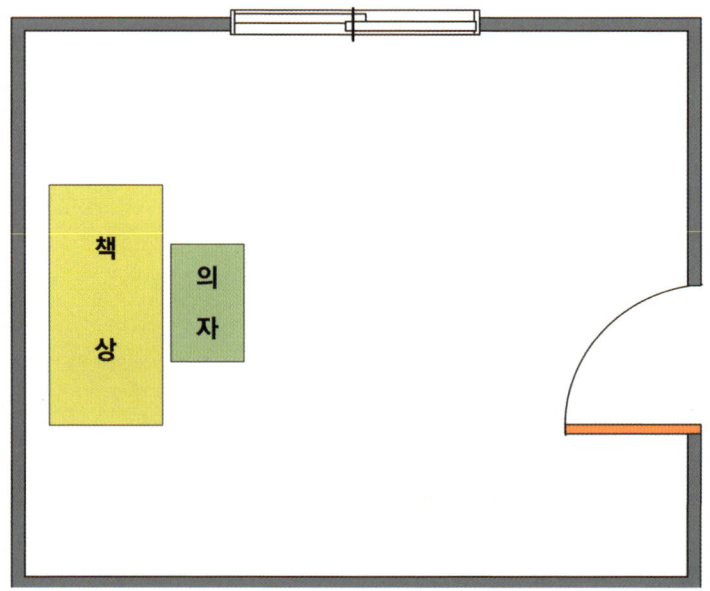

그림(2-27) 등뒤에 출입문이 있는 책상 배치(부적절한 배치)

> 출입문을 등지고 있는 형태의 책상 배치는 학생이 무의식 속에서 출입구 방향을 경계하고 있기 때문에 공부에 집중하기 곤란한 형태이다.

그림(2-27)에서 보는 것처럼 출입문을 등지고 있는 책상의 배치는 다른 말로 표현한다면 "적은 나를 알고 있고 나는 적을 모르고 있는 상태"가 되기 때문에 심리적으로 불안한 형태의 책상 배치라고 할 수 있다. 누군가 등 뒤에서 다가온다면 결코 안정된 형태라고 말할 수 없는 것이다.

나. 창문과 책상의 관계

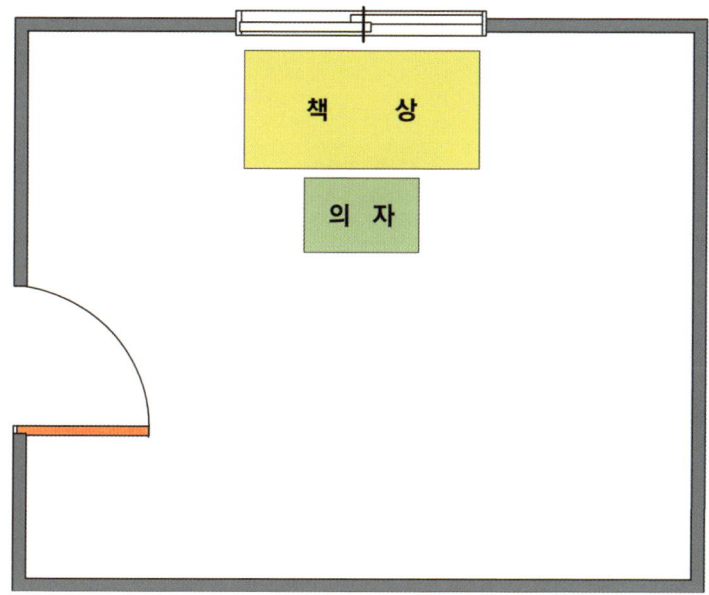

그림(2-28) 창문앞에 배치된 책상(부적절한 배치)

창밖을 보고 싶어하는 것이 인간의 기본 호기심이므로 창문 앞의 책상 배치는 정신 집중에 방해가 될 수 있다.

창문을 정면에 두고 있는 책상 배치는 인간의 호기심을 자극하는 형태로서 공부하는 학생의 책상 배치로는 부적절하며, 출입문과의 관계에서도 학생의 시야에서 벗어난 등 뒤에 해당하는 부분에 출입문이 위치하고 있어 공부하는 학생의 정신 집중에 도움이 되지 않는 형태의 책상 배치라고 말할 수 있다.

다. 적절한 책상 배치

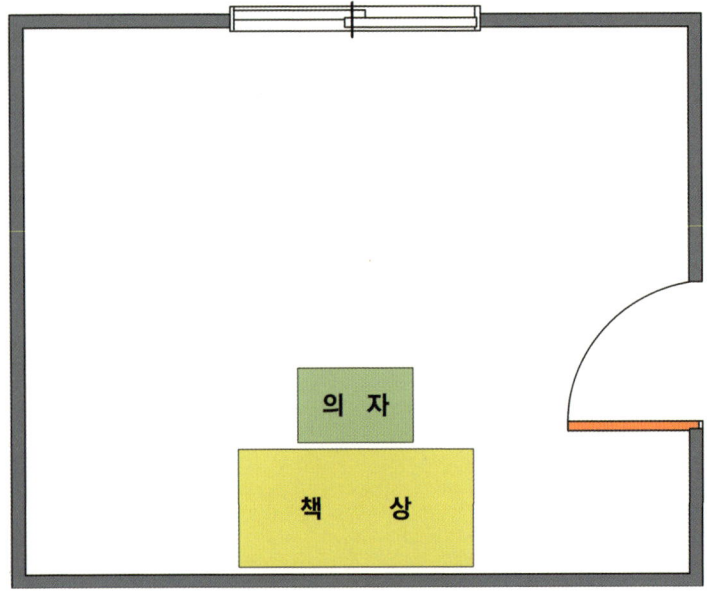

그림(2-29) 적절한 책상 배치 형태(좋은 배치)

출입문의 위치는 공부하는 학생의 시야 속에 통제되는 위치이며 적절한 책상 배치라 할 수 있다.

그림(2-29)에서 보는 책상 배치는 출입문이 측면에 위치하여 누군가가 등 뒤에서 접근하는 일이 없으며 출입문이 시야 속에 위치하여 심리적 안정감을 가질 수 있으며 책상이 벽면에 접하여 공부에 집중할 수 있는 적절한 책상 배치 형태이다.

라. 공부방의 가구 배치

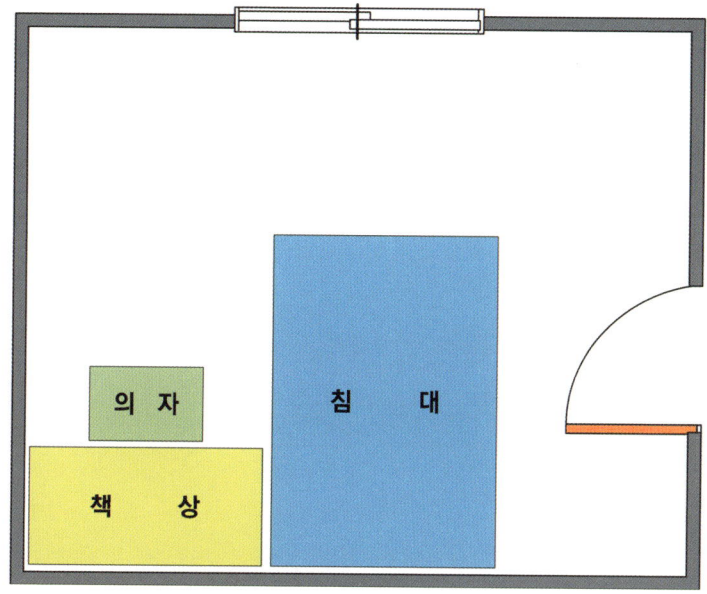

그림(2-30) 공부방의 가구 배치(부적절한 배치)

책상에서 보았을 때 침대와 TV등 기타 공부에 방해가 되는 물품은 보이지 않는 곳으로 배치하는 것이 유리하다.

책상의 배치에 있어서 공부에 도움이 되지 않는 물건 즉, TV, 침대 등 공부와 관련이 없는 물품은 가능한 학생의 시야에서 벗어나는 위치에 배치하는 것이 유리하다. 맛있는 음식 냄새는 사람을 끌어당기는 것과 같은 이치라고 할 수 있다.

6. 실내 가구 배치

그림(2-31) 실내 가구 배치

　침실과 거실 등 주거공간 내의 가구 배치는 시각적 안정성 측면에서 대단히 중요한 부분을 차지하고 있다. 전망(View)과 균형에서 기술한 내용과 같이 실내로 들어오는 순간부터 실내의 가구 배치가 우리의 시야 속에서 균형있게 배치되었다면 안정감을 지속적으로 느낄 수 있게 할 것이고, 불균형적으로 불안정하게 배치되었다면 재실자에게 지속적으로 시각적 불안정 요인을 제공할 것이다. 시각적 안정과 불안정은 표(1-1)에서 알아본 것처럼 우리의 정신과 신체에 많은 영향을 미치고 있다고 할 수 있다. 따라서 실내 가구 배치는 균형있게 배치하는 것이 필요하다.

가. 대칭 균형

그림(2-32) 대칭 균형의 가구 배치(좋은 배치)

TV를 중심으로 화분과 스탠드가 좌우균형을 이루고 있어 안정감이 있다. 여기에서 TV는 무게 중심축의 역할과 함께 시선 흐름의 종착점에 해당되는 집점(集點)의 역할을 함께 하고 있다.

가구 배치는 그림(2-32)에서 보는 것처럼 집점(集點)에 해당되는 TV를 중심으로 좌우 대칭 균형을 이루고 있어 안정된 배치이며 심리적 안정감을 느끼게 한다.

> 균형은 대칭 균형과 비대칭 균형으로 구분할 수 있으며 안정, 집중, 평온한 상태의 심리적 영향을 줄 수 있다.(제1장 1항 「다」 전망과 균형편 참조)

나. 비대칭 균형

그림(2-33) 비대칭 균형의 가구 배치(좋은 배치)

> TV를 중심으로 왼쪽의 스탠드와 오른쪽의 가구는 집점에 해당되는 TV를 중심으로 비대칭의 시각적 균형을 유지하고 있어 안정된 느낌을 주고 있다.

그림(2-33)의 무게 중심축과 시각적 집점의 역할을 하고있는 TV를 중심으로 왼쪽의 스탠드와 오른쪽의 가구는 시각적으로 비대칭 균형을 유지하고 있으며 비대칭 균형은 대칭 균형과 같이 재실자에게 심리적 안정과 평온함을 느끼게 하며 안정적 신체리듬의 형성에 도움이 되는 가구 배치의 형태이다.

다. 불균형

그림(2-34) 불균형의 가구 배치(부적절한 배치)

벽체를 중심으로 왼쪽과 오른쪽의 가구는 불균형을 이루고 있으며, 오른쪽의 장식장이 있는 방향으로 기울어질 것 같은 느낌을 준다. 여기에서 무게 중심은 가운데에서 우측으로 치우쳐 있는 상태가 되며 불균형의 형태라고 할 수 있다.

그림(2-34)에서 보는 바와 같은 형태의 가구 배치는 명확한 집점이 없는 가구 배치이면서 왼쪽의 텅빈 공간과 오른쪽의 장식장 형태의 가구는 불균형을 이루고 있어 시각적 불안감을 느끼게 한다.

라. 부적절한 가구 배치

그림(2-35) 불균형의 잘못된 가구 배치(부적절한 배치)

TV를 중심으로 왼쪽의 가구와 오른쪽의 화분은 어느정도 균형을 이루지만 좌측의 어두운 그림자 부분이 발생하게 되어 전체로 보았을 때는 불균형의 한쪽으로 치우친 가구 배치이다.

그림(2-35)의 TV를 중심으로 왼쪽의 가구와 오른쪽의 화분은 부분적으로 균형을 이루고 있으나 좌측의 시각적 무게가 존재하지 않는 어두운 그림자 부분이 발생하게 되어 전체로 보았을 때는 한쪽으로 치우친 불균형의 가구 배치이며, 어두운 부분은 심리적 불안감 형성의 요인이 될 수 있다.

마. 적절한 가구 배치

그림(2-36) 비대칭 균형의 적절한 가구 배치(좋은 배치)

TV를 중심으로 좌우대칭은 아니지만 왼쪽의 화분과 오른쪽의 가구는 어느 정도 균형을 이루고 있어 비대칭 균형의 안정된 가구 배치이며, 심리적 안정감을 느끼게 한다.

그림(2-36)은 그림(2-35)에서 어두운 시각적 무게가 존재하지 않았던 공간의 원인을 제거하고 남는 공간에 화분을 배치하여 시각적 무게를 가지게 하였으며, TV를 중심으로 좌우비대칭의 균형을 이루게 하여 안정된 가구 배치이며, 심리적 안정감을 느끼게 한다.

7. 사무실 책상 배치

사회생활을 하다보면 사무실 내에서 어떤 자리에 앉아서 근무하기만 하면 얼마 지나지 않아 시집가고 장가들게 되는 자리가 있는가 하면, 또 어떤 자리는 앉기만 하면 얼마 지나지 않아 진급을 하는 등의 여러 가지 경우를 경험하게 된다. 물론 직책상 대인 관계가 많은 자리에 앉아서 한 개인의 능력이 널리 알려지게 되고 그 결과 결혼하거나 진급하게 되는 등의 필연적인 경우도 있겠지만, 상식으로 해석되지 않는 부분도 있게 된다. 이러한 경우에는 동·서 사택론(舍宅論)을 적용해서 해석해 보면 이론과 실제가 일치하게 되는 경우를 종종 경험할 것이다. 따라서 여기에서는 동·서 사택론을 근거로 하여 동사택 사무실과 서사택 사무실에 대해서 알아보면 다음과 같다. 사무실의 동·서 사택론(舍宅論)은 출입문의 위치에 따라 동사택(東舍宅)과 서사택(西舍宅)으로 구분되는데, 사무실에서는 사무실 내의 실장(室長)의 위치를 좋은 자리에 앉도록 하여 실장을 중심으로 사무실 구성원 모두가 상호 협력하고 화목한 가운데 원활한 업무 추진이 되도록 자리를 배치하는 것이 필요하다. 동·서 사택론을 구분짓는 출입문은 많은 사람이 통행하여 가장 많은 시선과 바람 즉 공기의 주요 통로가 되는 출입문을 기준으로 하면 된다.

가. 동사택 사무실의 자리 배치

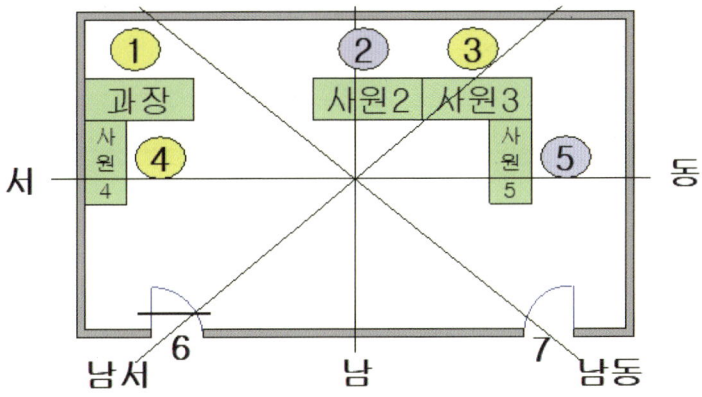

그림(2-37) 동사택 사무실 배치도

구분	①	②	③	④	⑤	⑥	⑦
직책	과장	사원	사원	사원	사원	출입문	출입문
동·서사택 방위	서사택	동사택	서사택	서사택	동사택	서사택	동사택
비고		○			○		

 그림(2-37)의 사무실은 6번 출입문을 폐쇄하고 7번 출입문을 사용하게 되어 동사택 방위의 사무실이 되었으며, 그 결과 동사택 방위(북, 동, 남동, 남)의 자리에 위치한 ②번, ⑤번의 사원은 능력을 인정받고 평탄한 사회생활을 하고 있었으나, ①번 자리에 위치한 과장은 업무추진에 상당한 애로를 느끼고 있는 자리 배치의 형태이다.

나. 서사택 사무실의 자리 배치

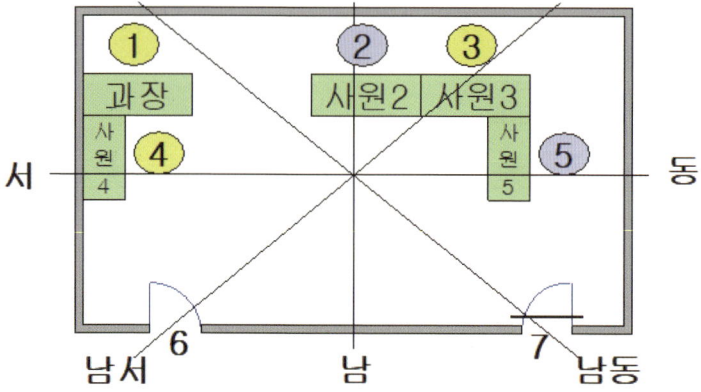

그림(2-38) 서사택 사무실 배치도

구분	①	②	③	④	⑤	⑥	⑦
직책	과장	사원	사원	사원	사원	출입문	출입문
동·서사택 방위	서사택	동사택	서사택	서사택	동사택	서사택	동사택
비고	○		○	○			

그림(2-38)의 사무실은 7번 출입문을 폐쇄하고 6번 출입문을 사용하게 됨으로써 서사택 방위의 사무실이 되었으며 그 결과 서사택 방위(북서, 북동, 남서, 서)의 자리에 위치한 ①번 과장과 ③번, ④번의 사원은 능력을 발휘하게 되었으며 ①번 자리에 위치한 과장은 그림(2-2)에서 보는 바와 같이 노부금(老父金)의 자리에 위치하게 됨으로써 사무실을 장악할 수 있는 위치에 앉게 되었으며 사무실은 안정을 찾게 되었다.

다. 추가적인 사무실의 자리 조정

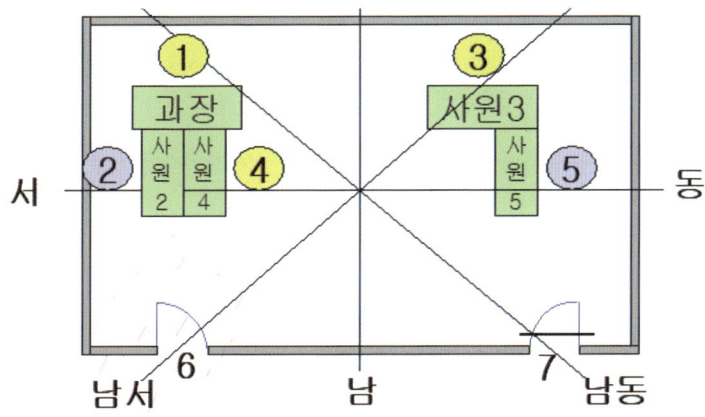

그림(2-39) 추가적인 사무실의 자리 조정

구분	①	②	③	④	⑤	⑥	⑦
직책	과장	사원	사원	사원	사원	출입문	출입문
동·서사택 방위	서사택	동사택	서사택	서사택	동사택	서사택	동사택
비고	○	○	○	○			

　그림(2-39)의 사무실은 7번 출입문을 폐쇄하고 6번 출입문을 사용하게 됨으로써 서사택 방위의 사무실이 되었으며, 그 결과 서사택 방위(북서, 북동, 남서, 서)의 자리에 위치한 ①번 과장을 중심으로 사무실은 안정을 찾게 되었다. 그러나 몇 주가 지난 뒤에 다시 사무실을 방문했을 때는 그림(2-38)의 ②번 사원은 열심히 근무를 하고 있지만 회사 생활에 대한 어려움을 하소연하여 왔으며 그 결과 ②번 사원의 자리를 그림(2-2, 동·서사택론)에 비교 분석해 보았을 때 ②번의 자리는 오행으로 수(水)(북)에 해당되며 6번 출입

문은 토(土)(남서)에 해당되므로 오행의 상생·상극이론(3장, 그림 3-36참조)에 따라 토극수(土克水)가 되어 6번 출입문으로부터 ②번 사원은 극(克)을 받는 입장이 되어 있었다. 그래서 동·서사택론의 이론에 따라 ②번 사원의 자리를 그림(2-39)에서 보는 바와 같이 서사택의 방위에 조정 배치함으로써 극(克)을 피할 수 있게 하였다. 참고로 그림(2-38)에서 ②번 자리는 6번 출입문으로부터 토극수가 되어 극(克)을 당하는 입장이 되지만, ⑤번 자리는 목(木)의 자리로서 6번 출입문과는 목극토(木克土)가 되어 극(克)을 받는 것이 아니라 극(克)을 주는 것이 되므로 어려운 과정에서도 당분간은 참을 수 있는 자리가 된다.

※ 사무실 자리 배치 따라하기 1

가. 순서
① 출입문 위치 확인(방위方位)
② 동·서사택 구분
③ 책상 위치 결정

나. 세부내용
① 출입문 위치 확인(방위方位)

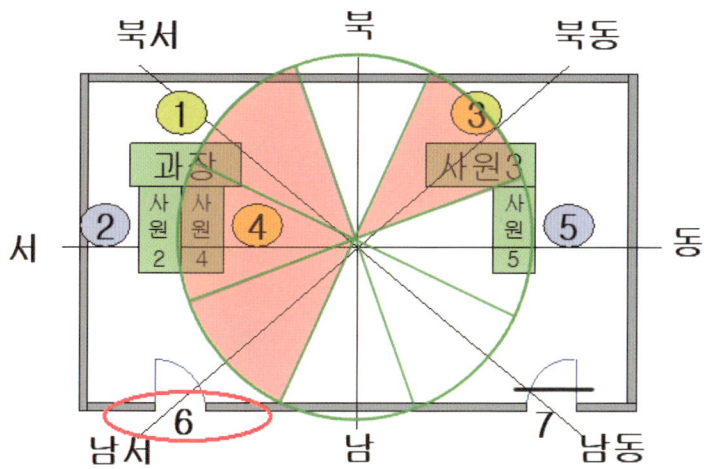

그림(2-40) 자리 배치 따라하기 I

· 사무실의 가운데를 기준으로 하여 출입문의 위치를 확인한다.
(예)그림(2-40)은 출입문이 남서방향에 위치하고 있다.

제2장 생활 실용 풍수지리　97

② 동·서사택 구분

동사택	서사택
동, 남동, 남, 북	남서, 서, 북서, 북동

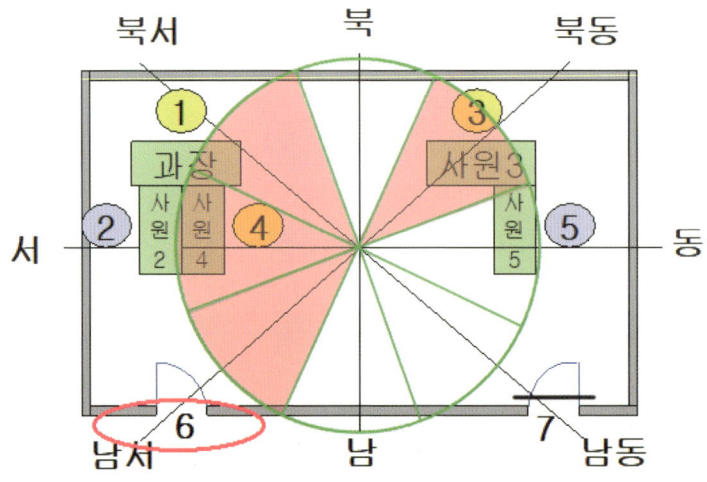

그림(2-41) 자리 배치 따라하기 Ⅱ

· 출입문의 위치에 따라 동·서사택을 구분한다.
(예)그림(2-41)은 출입문이 남서쪽에 있으므로 서사택에 해당한다.

③ 책상 위치 결정
· 출입문의 동·서사택 구분에 따라 책상을 같은 동·서사택 방위에서 결정한다.
(예)그림(2-42)는 서사택이고 서사택 방위의 좋은 자리에 위치하고 있는 책상은 ①②③④번의 자리가 되며 ⑤번의 자리만 동사택 방위에 위치하고 있다.

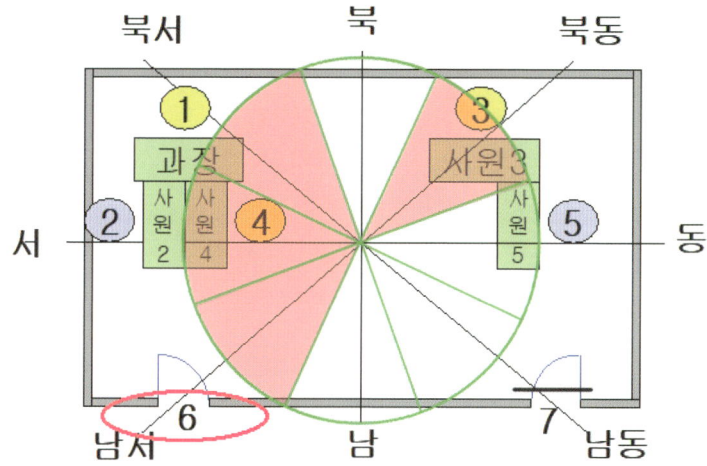

그림(2-42) 자리 배치 따라하기 Ⅲ

※ 사무실 자리 배치 따라하기 2

가. 순서

① 출입문 위치 확인(방위方位)

② 동·서사택 구분

③ 책상 위치 결정

나. 세부내용

① 출입문 위치 확인(방위方位)

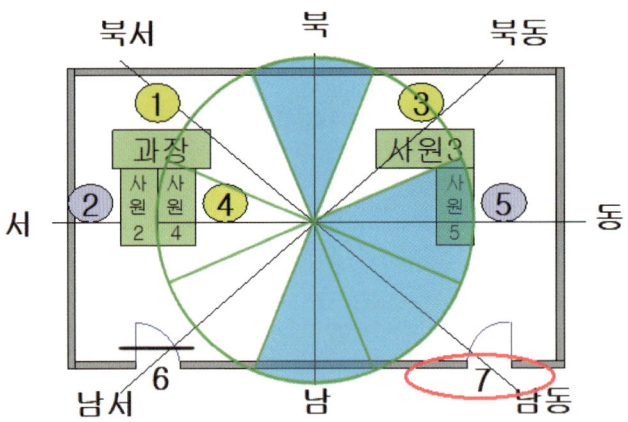

그림(2-43) 자리 배치 따라하기 Ⅰ

· 사무실의 가운데를 기준으로 하여 출입문의 위치를 확인한다.
(예)그림(2-43)은 출입문이 남동방향에 위치하고 있다.

② 동·서사택 구분

· 출입문의 위치에 따라 동·서사택을 구분한다.

동사택	서사택
동, 남동, 남, 북	남서, 서, 북서, 북동

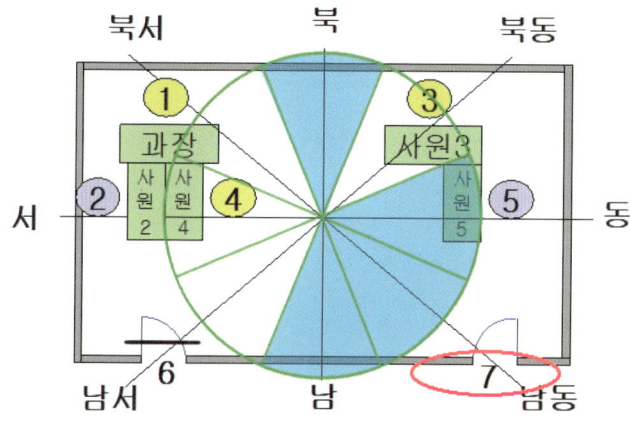

그림(2-44) 자리 배치 따라하기 Ⅱ

(예)그림(2-44)는 출입문이 남동쪽에 있으므로 동사택에 해당한다.

③ 책상 위치 결정

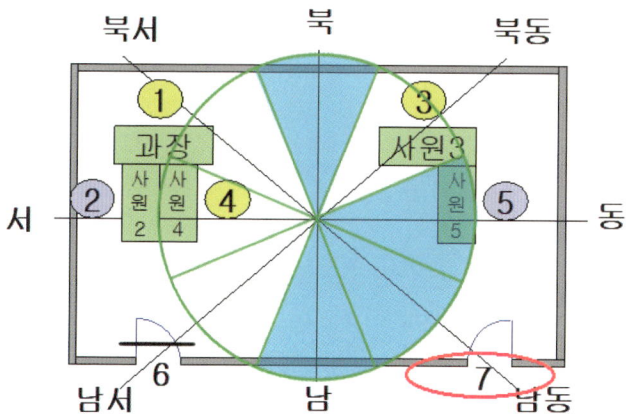

그림(2-45) 자리 배치 따라하기 Ⅲ

· 출입문의 동·서사택 구분에 따라 책상을 같은 동·서사택 방위에서 결정한다.

(예)그림(2-45)는 동사택이고 동사택 방위의 좋은 자리에 위치하고 있는 책상은 ⑤번의 자리가 되며 ①②③④번의 자리는 서사택 방위에 위치하고 있다.

※ 정확히 표현한다면 책상보다는 앉는 자리를 기준으로 하는 것이 가장 정확하다고 할 수 있다.

※ 시계를 이용한 방향 측정법

시계를 이용한 방향 측정법은 연중(年中) 평균 12:30분(표 2-3 참조)에 태양이 정남(正南)에 위치하고 있는 원리를 이용한 것으로서 태양이 있는 맑은 날 시계를 가지고 방향을 측정하는 방법을 소개하고자 한다.

가. 순서
① 12:30분의 시계의 시침의 위치를 확인한다.
② 시계의 시침과 태양의 방향을 일치시킨 후 고정한다.
③ ①②의 가운데 부분이 남쪽이 된다.

나. 세부내용
(1) 예 : 10:00일 때 남쪽 확인
① 12:30분의 시계의 시침의 위치를 확인한다.

그림(2-46) 시계를 이용한 방향 측정법 1- I

· 12:30분의 시계의 시침의 위치는 청색화살표 방향이 된다.

② 시계의 시침과 태양의 방향을 일치시킨 후 고정한다.
· 현재시각이 10:00시이며 시침의 방향과 태양의 위치를 일치시킨 후 시계를 고정한다.

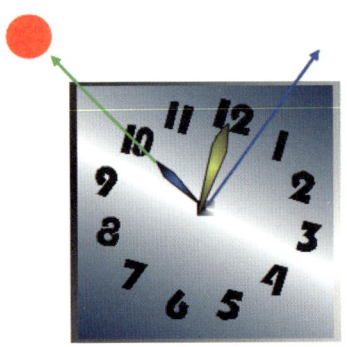

그림(2-47) 시계를 이용한 방향 측정법 1-Ⅱ

③ ①②의 가운데 부분이 남쪽이 된다.

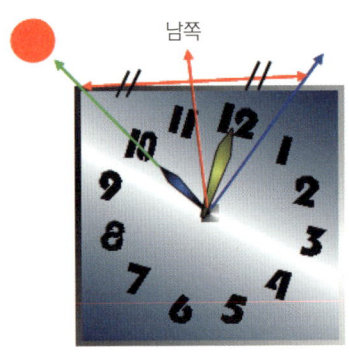

그림(2-48) 시계를 이용한 방향 측정법 1-Ⅲ

· 시계의 시침과 태양을 일치시킨 방향과 12:30분일 때 시침방향의 가운데 부분이 남쪽 방향이 된다.

(2) 예 : 15:30분일 때 남쪽 확인

① 12:30분의 시계의 시침의 위치를 확인한다.

그림(2-49) 시계를 이용한 방향 측정법 2-Ⅰ

· 12:30분의 시계의 시침의 위치는 청색화살표 방향이 된다.

② 시계의 시침과 태양의 방향을 일치시킨 후 고정한다.

그림(2-50) 시계를 이용한 방향 측정법 2-Ⅱ

· 현재시각이 15:30분이며 시침의 방향과 태양의 위치를 일치시킨 후 시계를 고정한다.

③ ①②의 가운데 부분이 남쪽이 된다.

· 시계의 시침과 태양을 일치시킨 방향과 12:30분일 때 시침방향의

가운데 부분이 남쪽 방향이 된다.

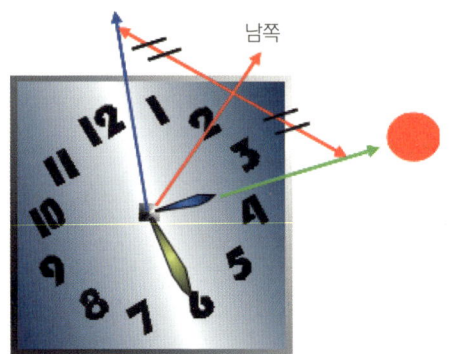

그림(2-51) 시계를 이용한 방향 측정법 2-Ⅲ

※12:30분은 일년 중 태양 남중고도의 평균시각이라고 할 수 있다. 즉, 12:30분일 때 태양이 위치하고 있는 방향이 남쪽이 된다. 정확히 표현한다면 평균시각은 12:32분이나 편의상 12:30분으로 표현하였으며 시계를 이용한 방향 측정법은 방위각의 오차가 많이 있으므로 패철을 사용하는 것이 정확하며 패철이 없을 때 임시방편으로 사용할 수 있는 방법이다.

다. 일출 및 일몰 시각

일년 동안의 일출 일몰시각은 다음 도표에서 보는 바와 같으며 매년 약간의 오차는 발생한다.

※ 자북과 진북의 차이는 5~8도이며 날짜선과 우리나라의 실제 위치는 135도와 127도로 8도의 차이가 발생하고 있다. 이러한 사항들을 종합하여 12:32분이 태양의 남중고도 정남(오차 포함)이 된다.

표(2-3) 일출 일몰시각(2022년 기준)

일시	일출시각(방위각)	정남시각	일몰시각(방위각)	비 고
1. 1	7 : 46	13 : 35	5 : 23	
1. 15	7 : 45	12 : 41	5 : 36	
2. 15	7 : 21	12 : 46	6 : 10	
3. 15	6 : 43	12 : 41	6 : 38	
3. 21	6 : 34 (89°09′)	12 : 39 (180°00′)	6 : 44 (271°01′)	춘분
4. 15	5 : 57	12 : 32	7 : 06	
5. 15	5 : 23	12 : 28	7 : 33	
6. 15	5 : 10	12 : 32	7 : 54	
6. 21	5 : 11 (59°12′)	12 : 33 (180°00′)	7 : 56 (300°49′)	하지
7. 15	5 : 22	12 : 38	7 : 53	
8. 15	5 : 47	12 : 36	7 : 25	
9. 15	6 : 13	12 : 27	6 : 41	
9. 23	6 : 20 (89°18′)	12 : 25 (180°00′)	6 : 29 (270°38′)	추분
10. 15	6 : 39	12 : 18	5 : 56	
11. 15	7 : 11	12 : 16	5 : 21	
12. 15	7 : 39	12 : 26	5 : 14	
12. 22	7 : 43 (119°23′)	12 : 30 (180°00′)	5 : 17 (240°36′)	동지
평균		12 : 32		

출처 : KASI 한국천문연구원 천문우주지식정보 일출일몰시각(astro.kasi.re.kr/life/page View/9)

제3장
풍수지리학 연구

1. 풍수지리학의 역사

풍수지리(風水地理)는 바람(風), 물(水), 그리고 지형(地理)에 대한 학문으로서 지형에 따라 바람과 물의 흐름이 어떻게 변화하고 바람과 물의 흐름에 따라 지형이 장구(長久)한 세월동안 어떻게 변화하는가를 예측하여 인간생활에 유리하게 활용하는 학문으로서 크게 분류하면 형기론(形氣論)과 이기론(理氣論)으로 분류할 수 있다.

형기론(形氣論)은 지형의 형태를 있는 그대로 관찰하여 길지(吉地)와 흉지(凶地)를 판단하여 양택(陽宅)과 음택(陰宅) 등 인간생활에 적용하며, 이기론은 주역과 음양오행설 등을 근거로 하여 지형의 방위와 위치를 패철(佩鐵)에 적용하여 길지와 흉지를 판단하는 것으로서, 형기론과 이기론은 서로 다른 학문이 아니라 상호보완적인 분야로서 풍수지리학의 근본은 자연의 있는 그대로를 관찰하여 지형과 바람과 물이 어떠한 상호작용을 하는가를 관찰하여 우리 인간생활에 적용하도록 연구하는 학문이라 할 수 있다.

풍수지리학이 우리나라의 역사자료에 나타나기 시작한 것은 삼국시대부터이며, 고려시대와 조선시대에는 눈부신 발전을 하였다. 특히 고려시대에는 제술과(製述科), 명경과(明經科), 잡과(雜科) 과거시험 중에서 잡과의 지리업(地理業)으로 궁궐과 왕릉을 선정하는 지관(地官)을 선발하는 과거시험을 실시하였으며, 조선시대에는 문과(文科), 무과(武科), 잡과(雜科)의 과거시험 중에서 잡과(雜科)의 음양과(陰陽科)에서 풍수지리학의 과거시험이 실시되었다. 일제 강점기에는 우리 민족의 정신 말살을 위한 일제의 잔혹한 풍수지리 파괴가 전국 각지에서 실시되면서 풍수지리학은 쇠퇴기를 맞게 되었다. 우리 민족 문화의 일부분으로 자리잡았던 풍수지리학이 일제강점기의 쇠퇴기를 지나 해방을 맞이하면서 서구 문물의 유입으로 거듭 쇠퇴하게 되었다. 그러나 근래에 들어서 몇몇 뜻있는 학자와 풍수연구가들의 노력으로 풍수지리학에 대한 연구가 학문적으로 계승 발전되고 있는 것은 참으로 다행스런 일이라 할 수 있다.

가. 원시시대와 고대

그림(3-1) 충북 청원군 강외면 쌍청리 새터마을(신석기 주거지)

그림(3-2) 쌍청리 새터마을 신석기 주거지에서 바라본 전경

원시시대의 풍수지리학에 대한 학문적 역사는 기록으로 남아있는 자료가 없으므로 풍수지리학이 정립되었다고 볼 수는 없으나, 신석기 시대 주거지로 확인된 암사동 유적과 양양 오산리, 청원 쌍청리(그림 3-1, 2), 춘천 교동, 제주 북촌리 등의 유적은 모두 강과 바다에 인접하여 식량자원이 풍족하고 지형적으로 따뜻한 곳을 선택하여 생활하였다.

그림(3-3) 둔산 선사유적지(신석기 시대 주거지)

그림(3-4) 둔산 선사유적지(청동기 시대 주거지)

　구석기시대와, 신석기시대 및 청동기시대의 인접한 주거지로 확인된 둔산 선사유적지(그림 3-3, 4)와 여주 흔암리 주거지, 파주 덕은리, 강릉 포남동, 남양주 수석리, 제주 북촌리 등의 유적은 신

제3장 풍수지리학 연구　111

석기 주거지와 유사한 강 또는 바닷가에 인접한 구릉지대에 위치하고 있다. 따라서 고대의 주거지는 어로, 수렵 등 식량획득이 용이하고 추위 등 자연의 각종 위협 요소로부터 안전한 지형을 선택하여 주거생활을 한 것으로 추정된다.

나. 삼국시대

삼국시대에는 풍수지리학에 대한 정신적 기반이 조성되었다는 역사적 자료를 발견할 수 있으며, 풍수지리학에 관련된 역사적 기록을 살펴보면 다음과 같다.

(1) 경주 월성

경북 경주시 인왕동에 위치하고 있는 경주월성(月城)에 대해서 "삼국유사를 보면 월성터(月城址)는 원래 충신인 호공(瓠公)의 거

그림(3-5) 경주 반월성 내부전경(慶州月城)

주지였는데, BC 19년 (박혁거세 39) 석탈해(昔脫解)가 금성(金城)의 지리를 살펴본 뒤에 가장 좋은 길지(吉地)로 호공의 집터를 지목하여 거짓 꾀를 부려 호공의 집을 빼앗아 월성을 쌓았다. 이 공으로 석탈해는 남해왕(南解王)의 맏사위가 되었고, 그 후에 신라 제4대 왕위에 올랐다."는 기록을 볼 수 있으며, 여기서 풍수지리와 관련된 신라인의 사고방식의 일부를 감지할 수 있다.

(2) 사신도

그림(3-6) 사신도(진파리 1호분 청룡도)

풍수지리학에서 혈(穴)을 중심으로 앞·뒤·좌·우에 위치하고 있는 산 또는 언덕 등을 장풍(藏風)을 위한 중요한 사(砂)로 보고 있으며 이러한 사(砂)를 좌청룡(左靑龍), 우백호(右白虎), 남주작(南朱雀), 북현무(北玄武) 등으로 표현하고 있다. 따라서 4방위에 위치한 사(砂)를 사신사(四神砂)로 표현하고 있으며, 우리나라의 고분벽화에 사신사가 가장 먼저 나타난 곳은 고구려의 고분벽화이다. 특히 강서대묘, 강서종묘, 진파리 1호분, 통구사신총의 사신도(四神圖) 등을 꼽을 수 있다.

다. 고려시대

고려시대의 풍수지리학 관련 역사자료는 대단히 많으나 대표적인 내용 몇 가지를 소개하면 다음과 같다.

(1) 과거시험

표(3-1)에서 보는 바와 같이 고려시대에는 과거시험의 잡업(雜業) 가운데 하나인 지리업(地理業)이란 과거시험을 통해서 궁궐과 왕릉을 선정하는 지관(地官)을 선발했으며, "시험방법은 다른 잡업과 같이 처음 2일간 첩경(貼經, 경문의 한두 자를 가지고 수험생에게 맞추게 한다)으로 치르고 3일 이후에는 독경(讀經)으로 시행하였는데, 1일은 「신집지리경(新集地理經)」, 2일은 「유씨서(劉氏書)」, 3일 이후는 「지리결경(地理決經)」, 「경휘령(經諱令)」, 「지리경(地理經)」, 「구시결(口示決)」, 「태장경(胎藏經)」, 「가결(訶決)」, 「소씨서(蕭氏書)」를 치렀다." 고려시대의 과거시험별 시험과목은 표(3-1)과 같다.

표(3-1) 고려시대 과거의 과별 시험과목(참고 문헌 48번 참조)

과별	시험과목
製述業	經義, 詩, 賦, 頌, 策, 論 등
明經業	書經, 易經, 詩經, 春秋, 禮記 등
明法業	律, 令 등
明算業	九章, 綴術, 三開, 謝家 등
明書業	說文, 五經字樣, 眞書, 行書, 篆書, 印文 등
醫業	素問經, 本草經, 明堂經
呪噤業	脈經, 劉涓子方, 瘡疽論, 明堂經, 針經, 本草經 등
地理業	新集地理經, 劉氏書, 地理決經, 經緯令, 地境經, 口示決, 胎藏經, 訶決, 蕭氏書 등
何論業	眞書秦章, 何論, 孝經, 曲禮, 律 등

참조 : 明法業 이하는 雜科라고 불렀다. 製述業의 과목 중 시, 부, 송, 책, 논의 5과목은 다 보는 것이 아니라 때에 따라 시, 부 또는 시, 부, 송 또는 시, 부, 책을 시험보았다.

(2) 묘청의 난

고려시대에는 풍수지리 사상에 기초하여 여러 차례의 천도에 대한 논의가 있었다. 지덕쇠왕설(地德衰旺說)을 전제로 수도인 개성의 지기가 쇠약해졌으므로 수도(首都)를 다른 곳으로 옮겨야 한다는 주장이 나오게 되었는데, 천도의 대상지로 서경과 남경이 거론되었다. 고려사(高麗史)에 보면 1135년 묘청이 "서경의 임원역(林原驛) 땅은 대화세(大華勢)의 지점이니 이곳에 궁궐을 세우고 천도하면 천하를 병합할 수 있고 금(金)나라도 항복할 것이다"고 하면서 서경의 천도를 주장하였다. 그러나 문벌귀족의 반발로 좌절되자 묘청 등이 서경에서 나라 이름을 대위(大爲), 연호를 천개(天開)라 하고, 스스로를 천견충의군(天遣忠義軍)이라 칭하고 반란을 일으켰으나 김부식이 이끄는 정부군의 공격을 받아 1년만에 진압되었다.

이상에서 알아본 것처럼 풍수지리설은 고려시대에는 도참사상과 결합하여 고려사회에 큰 파장을 일으키기도 하였다. 그러나 고려시대의 풍수지리설은 조선시대와는 달리 묘지발복 위주의 음택풍수보다 도읍지 선정 등 국가 발전을 위한 양택풍수를 중시한 측면을 엿볼 수 있다.

라. 조선시대

표(3-2) 조선시대 과거(雜科) 시험과목

구분		고시과목
譯科	漢學	老乞大·朴通事·五倫全備·四書·經國大典
	蒙學	捷解蒙語·經國大典 등
	倭學	捷解蒙語·經國大典 등
	女眞學	八歲兒·小兒論·老乞大·三譯總解·經國大典
醫科		山圖脈·銅人經·直指方·本草·經國大典·素問·醫學正傳·東垣十書·醫學入門
律科		大明律·無免錄·經國大典
陰陽科	天文學	步天歌·經國大典·天文曆法·時憲記要
	地理學	靑烏經·錦囊經·明山論·胡舜申·洞林照膽·經國大典·塚玉片
	命課學	袁天網·徐子平·應天歌·範圍數·經國大典·時用通書·協吉通義

조선시대에는 유교 이념을 바탕으로 충효 사상이 강조되는 시대였다. 조선시대의 풍수지리학은 건국초기에는 국도의 천도 거론에 따라 한양, 모악, 계룡산, 개경 등지에 대한 풍수지리학적인 토의가 이루어지는 등 도읍지 선정의 양택풍수에 대한 논의가 활발했으나, 조선시대 "중기이후에는 묘지 혹은 개인의 주택을 대상으로 하는 이기적 성격의 풍수가 대중을 이루게 되었다." 조선시대에는 과거시험이 크게 문과(文科), 무과(武科), 잡과(雜科)로 나누어졌으며 풍수지리학은 표(3-2) 에서 보는 바와 같이 잡과의 음양과(陰陽科) 지리학(地理學)에 포함되어 과거시험을 실시하였다. 시험 과목은 청오경, 금낭경, 명산론, 호순신, 동림조담, 경국대전, 총옥편 등이었으며, 여기에서 청오경과 금낭경은 책을 보지 않고 돌아앉아서 줄줄 외어야 하는 배강(背講) 형태의 시험이었고, 명산론, 호순신, 동림조담, 경국대전, 총옥편 등은 임문고강하게 하였다.

마. 일제 강점기

그림(3-7) 풍수침략용 쇠말뚝(천생산 쌍룡사 주지스님이 짚고 계시는 모습)

　1910년부터 1945년까지 일제 강점기에는 우리 민족의 말살을 위한 계획적이고 잔학한 일제의 민족말살 행태가 실시되었으며, 이러한 민족말살을 위한 일본의 행태는 창씨개명과 창지개명뿐만 아니라 민족 문화의 일부분으로 자리잡고 있는 풍수지리에 대하여 다양한 형태의 풍수침략도 감행했다. 풍수침략의 대표적인 내용으로는 도로나 철로를 내면서 의도적으로 지맥을 절단했으며, 우리의 명산에 혈침(그림 3-7, 8, 9, 10, 11)과 석침(石針)을 박았으며 신성한 궁궐을 공원으로 만들고 명당터에 건물을 신축하거나 명산의 주요 부위를 폭파하는 등 수많은 만행을 저질렀다.

그림(3-8) 천생산 쌍룡사 뒤 바위속에 일제가 박은 풍수침략용 쇠말뚝

그들은 또한 도로나 철로를 내면서 산의 지맥을 자르는 과정에서 피가 흘렀다는 등의 유언비어를 퍼뜨려 우리국민에게 패배의식을 심어주려는 심리전까지 펼쳤다. 그러나 1995년 광복 50주년 기념사업의 하나로 실시된 일제의 풍수침략용 쇠말뚝 제거사업이 시

그림(3-9) 천생산 쌍룡사뒤 바위속에서 쇠말뚝을 최초 발견한 쌍룡사 주지 석불스님께서 쇠말뚝이 박혀있던 자리를 가르키고 계시는 모습

행되면서 전국 각지에 박혀있던 쇠말뚝이 제거되고 창덕궁 인정전 뒤의 석침 제거와 구 조선총독부 건물의 철거 등으로 일제에 의한 풍수침략의 흔적들을 제거하여 우리국토의 상처를 치유하기 시작한 것은 참으로 다행스런 일이라 할 수 있다.

그림(3-10) 풍수침략용 쇠말뚝을 박은 후 은폐를 위하여 석축을 쌓은 흔적

국력이 약하고 국론이 분열되면 과거의 역사를 돌아보았을 때 우리의 국토는 침략자에 의해 산산이 찢어지고 누이와 딸들은 침략자의 노리갯감으로 끌려가고 식량도 약탈당하여 우족탕(牛足湯), 꼬리곰탕, 돼지족발 등 살코기는 모두 빼앗기고 족발, 꼬리뼈 등을 이용한 음식문화도 만들어지는 것이다. 지금 이 글을 읽고 있는 독자 제현들께서도 국가의 안위를 생각하지 않고 자기 자신의 이익에만 눈이 어두워 매국노적인 행동을 한다면 여러분의 사랑스런 딸과 손자, 손녀들이 처참한 일을 당하지 않는다고 누가 보장할 수 있겠는가. 표현이 좀 지나치다고 항변할 독자들도 있겠으나 환향녀(還鄕女)의 어원과 이총(耳塚)의 역사 그리고 2차 세계대전 당시 우리민족의 슬픈 역사를 돌아보면 무엇이 중요한 것이고 국력이라는 단어

가 그리고 민족이라는 단어가 도대체 무엇을 의미하는지를 알게 될 것이다. 그러나 국론이 통일되고 독자 제현 모두가 맡은바 임무에 충실하고 국가경쟁력 향상을 위해 노력한다면 광개토대왕 시절의 영광스런 시대가 오지 않는다고 누가 말할 수 있겠는가!

그림(3-11) 쇠말뚝이 박혀있던 천생산(故 박정희 대통령 생가에서 바라본 모습)

바. 현시대

일제강점기가 끝나고 우리의 전통 문화를 되살릴 틈도 없이 밀려들어온 서구문물과 사고방식에 의해 우리나라의 아름다운 산맥이 도시개발, 골프장 건설 등 각종 명분으로 우리의 산은 잘리워지고 깎여나가는 등 그야말로 수난의 시대라고 할 수 있다.

외국의 사례를 보면 도로를 개설하고 도시를 개발한다고 하더라도 우리나라처럼 산을 자르는 일은 보기 어려운 일이다.
산맥이 잘리워지면 지하수의 흐름도 잘리워지고 야생동물의 통로 차단에 따른 생태계의 파괴와 지하수 흐름의 차단에 따른 수목

생장의 변화와 토질의 변화, 도로를 연한 바람의 이동통로 개설에 따른 체감온도의 변화와 기후의 변화에 의한 넓은 면적의 생태계 파괴 등 그 피해는 이루 말할 수 없을 정도로 많다고 하겠다.

그림(3-12) 고속도로 개설로 인해 훼손된 산맥

자연환경을 파괴하는 데는 발달된 현대 장비로 불과 몇 개월이면 흔적도 없이 가능하지만, 복구하는 데는 수십 년 또는 영원히 복구할 수 없는 것이 자연이므로 우리의 아름다운 자연을 보존하여 나의 자녀와 손주 그리고 우리 모두의 후손에 물려줄 수 있도록 해야 하겠다.

그림(3-13) 대형장비를 동원한 공사현장

그림(3-14) 산맥의 잘린 형태 I

그림(3-15) 산맥의 잘린 형태 II

표(3-3) 산맥절단에 따른 대표적인 변화내용

구분	지하수	야생동물	기상의 변화
산맥절단	지하수 흐름 단절	동물의 통로 차단	새로운 바람의 통로개설
변화내용	·토질 함수율 변화 ·우물물 고갈/변화 ·수목 생장변화	·먹이사슬 파괴 ·번식력 제한 ⇒생태계 파괴	·체감온도 변화 ·바람의 이동 ⇒구름의 이동 ⇒기상의 변화

2. 전통 풍수지리학

가. 형기론(形氣論)

형기론이란 풍수지리학의 대표적인 이론으로 산 또는 지형을 하나의 생명체로 인식하여 길지(吉地)와 흉지(凶地)를 판단하는 풍수지리학 이론이다. 형기론에서 길지를 찾을 때는 산의 흐름을 과일나무 등에 비유하여 꽃이 피고 열매를 맺을 수 있는 지점을 찾는 것으로서, 태조봉에서 시작한 산의 정기가 중조봉, 소조봉을 거쳐 꽃이 피는 자리를 혈이라 하며, 실제 지형에 가서 현장답사를 하면 꽃받침과 꽃꼭지를 닮은 산의 형태를 볼 수 있다. 이러한 풍수지리학의 형기론은 산의 형태를 가지고 해석하는 이론으로 산 전체의 형태를 분별한 연후(간룡법)에 혈자리를 찾아내는 방법이라 할 수 있다.

(1) 간룡법(看龍法)

간룡법이란 산의 흐름을 관찰하여 길지와 흉지를 판단하는 것으로서, 근본사상은 하늘의 성운(星雲)이 지상에 내려와 형태를 이룬 것으로 해석하여 크게 5성과 9요로 구분한다. 목(木), 화(火), 토(土), 금(金), 수(水) 오성이 산의 형태로 나타난 것은 그림(3-16, 17, 18, 19, 20)에 나타난 것과 같다. 산의 흐름은 음양오행의 이론에 따라 목생화, 화생토, 토생금, 금생수, 수생목 등의 상생(相生)의 순서로서 산의 흐름이 있으면 길한 것으로 본다. 예를 들어 태조봉이 토형산이고 중조봉이 금형산이며 소조봉이 수형산으로 이어졌으면, 산의 흐름은 토생금, 금생수의 흐름으로 상생이며 생룡(生龍)으로 볼 수 있다.

그림(3-16) 목산(木山) : 직선적인 형태의 산

그림(3-17) 화산(火山) : 불꽃 모양의 산

그림(3-18) 토산(土山) : 산의 정상부가 수평의 형태를 갖춘 산

그림(3-19) 금산(金山) : 둥근 형태의 산

그림(3-20) 수산(水山) : 물흐름의 모습을 갖춘 산

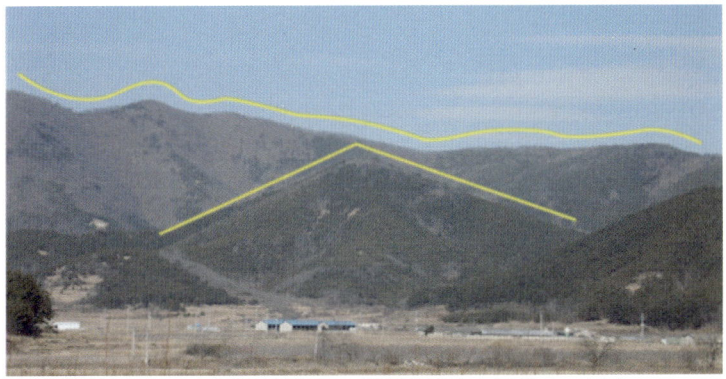

그림(3-21) 생룡(生龍)의 형태(Ⅰ)

산의 흐름이 수형산(水形山)에서 목형산(木形山)으로 이어져 수생목(水生木)의 형태이므로 생룡(生龍)의 형태라고 할 수 있다.

그림(3-22) 생룡(生龍)의 형태(Ⅱ)

산 능선의 흐름이 상하로 기복(起伏)을 하고 좌우로 움직이는 모습이 마치 용(龍)이 행룡(行龍)하는 모습을 닮았으며 생룡(生龍)의 형태이다.

그러나 태조봉이 목형산이고 중조봉이 토형산이며 소조봉이 수형산으로 연결되어 있으면 목극토, 토극수의 상극의 흐름이며 이러한 산의 흐름은 길지가 아닌 것으로 볼 수 있다. 또한 화형산(火形山)은 산의 기운이 불과 같아서 지기(地氣)를 모두 태워버리므로 불가장지(不可葬地)라고 표현하기도 한다. 즉 산의 흐름을 보고 생룡(生龍)이냐 사룡(死龍)이냐를 구별하는 것은 생룡일 경우 생기왕성한 지기를 받을 수 있으나 사룡일 경우 지기가 없으므로 지기를 받을 수 없는 것으로 판단한다.

생룡(生龍)과 사룡(死龍)의 차이는 누구나 알 수 있는 내용으로 산의 형태가 상하 좌우로 뱀이나 용이 기어가는 듯한 모습을 하고 있으면 생룡에 해당되며, 산의 모습이 죽은 뱀처럼 길게 드러누운 모습으로 상하 좌우의 변화가 없으면 사룡(死龍)이라고 할 수 있다.

(2) 장풍국(藏風局)

그림(3-23) 장풍국의 ○○지역

장풍국이란 그림(3-23) 에서보는 것처럼 바람을 저장할 수 있는 형국을 말하는 것이다. 바람이 세차게 부는곳은 지기(地氣)가 세찬 바람에 의해 흩어져 버리므로 물을 저장하여 두고 있는 저수지 처럼 바람을 저장하여 온화한 바람이 머무는 곳을 장풍국이라 한다.

바람도 물과 마찬가지로 저장은 하되 계속해서 새로운 바람이 들어오고 또 나갈 수 있는 지형이어야 한다. 즉 저수지에 물의 유입과 유출이 없으면 저수지 물은 썩어 들어가는 것과 같은 이치이다.

그림(3-24)에서 보는 것처럼 ○○지역을 감싸고 있는 주변 산의 실선으로 둘러싸인 부분은 ○○지역 전체를 감싸고 있으며 ○○지역으로 들어올 수 있는 바람은 입구가 좁은 A지점으로 들어오는 길밖에 없다. A지점을 통과한 바람의 풍속은 ○○지역의 넓은 지역을 접하면서 급격하게 풍속이 저하되어 장풍국의 말 그대로 바람을 잠시 저장해 두었다가 내보내는 지형이라 할 수 있다. 그러나 B지점에서 C지점으로 개설된 도로는 현재는 산의 형태를 유지하면서 산맥을 완전히 절단하지는 않았으나, 앞으로 도로 확장 등의 공사시에 산맥을 절단하게 되면 ○○지역의 잘 갖추어진 장풍국은 사라지고 ○○지역에도 지금과 같은 온화한 바람이 아닌 도로를 연한 세찬 바람(殺風)이 불게 될 것이다. 따라서 도로 개설시 도로의 높낮이보다도 지형을 최대한 살리고 우리들 삶의 터전을 보호하면서 도로를 개설하는 것이 필요하다.

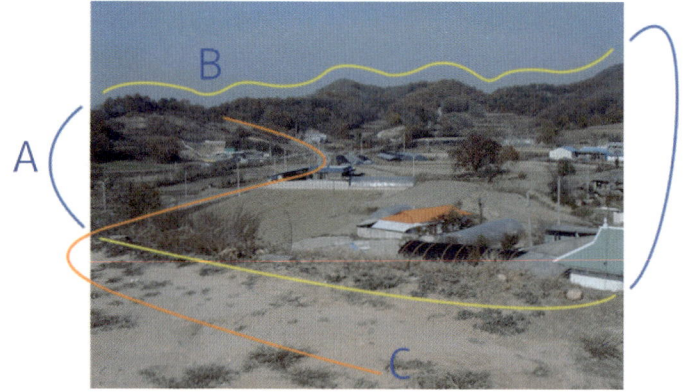

그림(3-24) 장풍국의 ○○지역

(3) 득수국(得水局)

그림(3-25) 서울의 주산(북악산)과 좌청룡

그림(3-26) 서울의 주산(북악산)과 우백호

득수국(得水局)이란 상하 좌우로 용트림하며 행룡(行龍)하는 산맥이 물을 만나 멈추어 생기(生氣)가 모여 있는 지형을 뜻한다. 득수국의 대표적인 형태로는 서울을 예로 들 수 있다. 서울은 북한산이 한강을 만나 산맥의 흐름을 멈추고 좌청룡(左靑龍)의 낙산과 우백호(右白虎)의 인왕산 그리고 안산(案山)에 해당하는 남산과 조산(朝山)에 해당하는 관악산 등 전체적인 형국이 득수국(得水局)이면서 또한 장풍국(藏風局)에도 해당되는 전형적인 명당지역이라고 할 수 있다.

그림(3-27) 서울의 안산(남산)

그림(3-28) 서울의 조산(관악산)

나. 이기론(理氣論)

이기론(理氣論)은 조선시대에 크게 발전된 풍수지리학 이론으로서 주역(周易)과 음양오행설(陰陽五行說)을 패철(佩鐵)에 적용하여 지형의 길흉을 판단하는 것으로서 풍수지리학의 형기론(形氣論)과 더불어 상호보완적인 중요한 부분을 차지하고 있는 이론이다.

(1) 음양오행설(陰陽五行說)

"음양설과 오행설은 원래 독립되어 있었으나 대략 서기전 4세기 초인 전국시대(戰國時代)에 결합되기 시작하여 여러 가지 현상들을 설명하는 틀로 사용되었으며, 제(齊)나라의 추연(騶衍)이 체계적으로 결합시켰다고 전해지나 입증할 만한 자료는 남아있지 않다." 음양설은 "우주나 인간 사회의 모든 현상과 생성 소멸을 음양의 소장(消長), 변전(變轉)으로부터 설명하려는 이론이다." 음이란 월(月), 수(水), 여(女), 사(死) 등을 의미하고 양이란 일(日), 화(火), 남(男), 생(生) 등을 의미한다. 오행설이란 "우주 만물이 오행의 상생(相生), 상극(相剋)의 힘에 의해 생성된다고 하는 학설"로서 오행의 종류는 수(水), 목(木), 화(火), 토(土), 금(金) 등 다섯가지이다. 오행의 속성을 분류하면 표(3-4)와 같다.

표(3-4) 오행의 종류

區分	木	火	土	金	水	비고
正五行	寅,甲,卯,乙,巽	巳,丙,午,丁		申,庚,酉,辛,乾	壬,子,癸,亥	
三合五行	甲,卯,丁,未,乾,亥	艮,寅,丙,午,辛,戌		癸,丑,巽,巳,庚,酉	壬,子,乙,辰,坤,申	
雙山五行	甲,卯,丁,未,乾,亥	艮,寅,丙,午,辛,戌		癸,丑,巽,巳,庚,酉	壬,子,乙,辰,坤,申	
四大局五行	丁,未,坤,申,庚,酉	辛,戌,乾,亥,壬,子		癸,丑,艮,寅,甲,卯	乙,辰,巽,巳,丙,午	坐와 破口 포태법관계
姓別五行	孔,金,周,高,趙,曹,崔,廷,黃,兪,車,池,朴,權	李,許,吉,羅,成,愼,蔡,薛,丁,鄭,姜,幷	張,洪,元,姜,任,宋,南,田,孫,林,柳,閔,桂,明,陣	韓,申,全,梁,河,徐,文,裵,郭,劉,玄,千,白,康,王,成	孟,蘇,魯,禹,魚,毛,卜,下,吳,許,具	坐와 亡命의 姓과의 관계
大玄空五行	壬,午,坤,申,辛,戌	癸,甲,巽,未,酉,亥		子,寅,辰,乙,丙,乾	丑,艮,卯,巳,丁,庚	向과 外水의 得破
小玄空五行	癸,艮,丁,亥	乙,丙,丁,酉	丑,未,庚,戌	卯,午,坤,乾	壬,子,寅,辰,巽,巳,申,辛	向과 內水의 得破
八卦	震,巽	離	艮,坤	乾,兌	坎	
走馬六壬	艮,乙,丙,坤,辛,壬	子,寅,辰,午,申,戌		乾,巽,甲,巽,丁,庚	丑,卯,巳,未,酉,亥	
舊墓五行	坤,壬,乙,艮,丙,辛	申,子,辰,寅,午,戌		巽,庚,癸,乾,甲,丁	巳,酉,丑,乾,甲,未	구묘혈좌와 포태법
洪範五行	艮,卯,巳	壬,乙,丙,午	癸,丑,未,坤,庚	丁,酉,乾,亥	子,寅,甲,辰,巽,申,辛,戌	山運

區分	木	火	土	金	水	비고
納音五行	戊-戌辰 己-亥巳 壬-子午 癸-巳未 庚-申寅 辛-酉,卯	丙-寅申 丁-卯酉 戊-子午 己-丑未 甲-辰戌 乙-巳,亥	庚-子午 辛-丑未 戊-申,甲 己-酉,酉 丙-辰,辰 丁-巳,巳	甲-子,午 乙-丑,未 壬-寅申, 癸-卯酉, 庚-戌辰, 辛-亥,巳	甲-寅,申, 乙-卯,酉, 丙-子,午, 丁-丑,未, 壬-戌辰, 癸-亥,巳	透氣와 坐 및 山관계
星宿五行	乾,坤,艮,巽	甲,庚,丙,壬,子,午,卯,酉	乙,辛,丁,癸	辰,戌,丑,未	寅,申,巳,亥	砂와 坐의 관계
發聲五行	ㄱ,ㅋ	ㄴ,ㄷ,ㄹ,ㅌ	ㅇ,ㅎ	ㅅ,ㅈ,ㅊ	ㅁ,ㅂ,ㅍ	
數五行	3,8	2,7	5,10	4,9	1,6	
眞五行	寅,甲,卯,乙,辰,巽	巳,丙,午,丁,未,坤		申,庚,酉,辛,戌,乾	子,癸,丑,艮,亥,壬	과협과 만두관계

※林鶴變 著,『傳統風水地理』(明文堂, 1993)

　이러한 음양오행설은 표(3-5)에서 보는 것처럼 음과 양으로부터 다시 오행으로 분류된다는 내용이다. 이러한 음양오행은 그 성질에 따라 그림(3-29)에서와 같이 서로 생(生)하기도 하고 극(克)하기도 한다는 이론이다.

표(3-5) 음양오행설

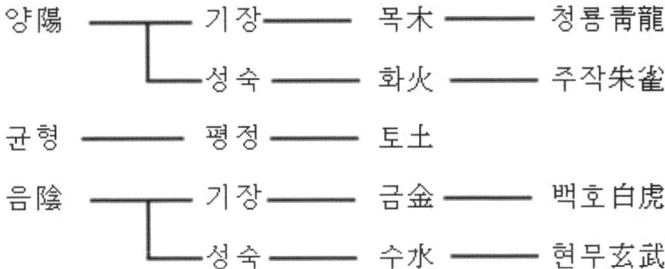

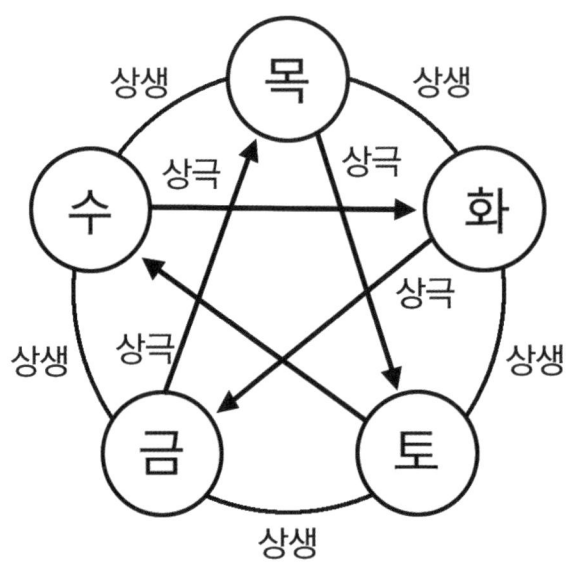

그림(3-29) 오행의 상생·상극

 음양오행설의 이론에 따라 풍수지리학에서는 산의 흐름이 금형(金形)의 산에서 수형(水形)의 산으로 연결되고 수형(水形)의 산에서 목형(木形)의 산으로 연결되는 상생의 산흐름, 즉 금생수, 수생목의 흐름의 산은 길한 것으로 판단하는 것이다.

(2) 나경(羅經)

그림(3-30) 나경(羅經)의 모양

나경이란 집터나 묘터의 방위를 볼 때 풍수가나 지관이 사용하는 것으로 나침반위에 24방위가 표시된 도구를 말하며, 일명 쇠, 지남철, 패철, 윤도 등으로 부르기도 한다. 일반적으로 사용되는 나침반은 동서남북의 구분과 360°에 대한 방위각의 측정에 사용되는 것에 비해, 나경은 바람과 물과 자연의 법칙을 측정하도록 되어 있어 나침반과는 구분된다고 할 수 있다. 나경의 사용방법은 먼저 나경을 사용하고자 하는 주변에 쇠붙이 등이 없도록 하고 고압선 주변은 피하도록 하여 외부의 자석이나 쇠붙이, 작동되는 컴퓨터와 자동차 등에 의한 착오가 일어나지 않도록 해야 한다. 나경의 방향 표시침이 남북방향 즉 나경 제4선의 자(子)와 오(午)방향을 정확히 가르키도록 하여 북쪽이 자(子)방향이 되도록 한 다음 측정하고자 하는 방향을 측정한다. 나경은 종류에 따라 여러층으로 구분되어 있으나 여기에서는 가장 많이 사용되는 5층까지의 사용방법에 대하여 설명하고자 한다.

(가) 음택 나경 제1층(황천수 측정)

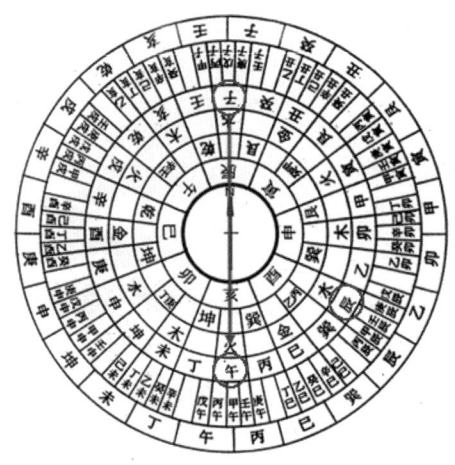

그림(3-31) 나경(제1선 황천수 측정)

그림(3-31)에서 보는 것처럼 나경 제1선에 위치한 진(辰), 인(寅), 신(申), 유(酉), 해(亥), 묘(卯), 사(巳), 오(午) 방향의 황천수를 측정하는 선으로 예를 들면 제4선의 방향선에 의해 묘(墓)의 좌향(坐向)이 자좌오향(子坐午向)이면 제1선의 진향(辰向)이 해당되므로 제4선의 진(辰) 방향(方向)으로 황천수 유입이 우려된다는 것을 뜻한다.

자좌오향(子坐午向)의 묘(墓)에서는 진방향(辰方向)에 함몰지점이 있는가 여부를 잘 살펴서 황천수 유입의 유무를 판단한다. 즉 4선에 위치한 진(辰) 방향에 함몰지점이 있으면 황천수가 유입되고 있는 것으로 판단하게 된다.

　예) 축좌미향(丑坐未向)의 묘(墓)는 인방향(寅方向)으로 황천수 유입이 우려되므로 인방향(寅方向)의 함몰여부 등을 확인하여 황천수 유입의 유무를 판단한다.

(나) 음택 나경 제2선(팔요풍 측정)

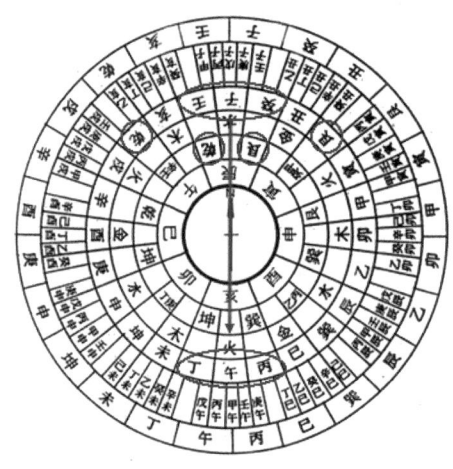

그림(3-32) 나경(제2선 팔요풍 측정)

　음택나경 제2선은 바람을 측정하는 것으로서 그림(3-32)에서 묘의 방향이 임좌병향, 자좌오향, 계좌정향 등의 방향일 경우 제2선에 위치한 건(乾), 간(艮)방향을 확인하고 제4선에서 건(乾)방향과 간(艮)방향에서 바람이 들어오는지 여부를 확인하는 것으로서, 바람이 들어올 수 있도록 계곡 등이 있으면 불리하다. 건(乾), 간(艮)방향에 언덕이나 사(砂)가 위치하고 있으면 바람을 막을 수 있으므로 길한 것으로 볼 수 있다.

예) 간좌 곤향 묘는 갑계(甲癸) 방향으로 바람이 들어올 수 있는지를 확인한다.

(다) 음택나경 제3선(오행)

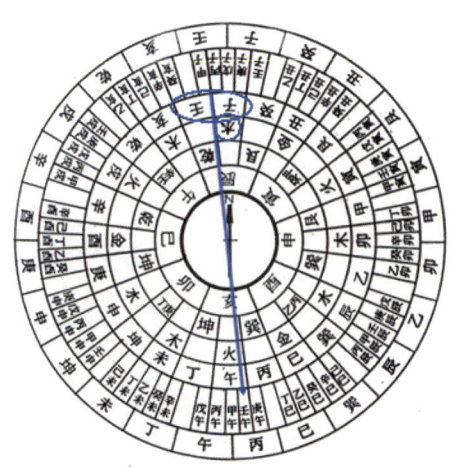

그림(3-33) 나경(제3선 오행 측정)

음택나경 제3선은 그림(3-33)에서 보는 것처럼 오행을 표시하여 길흉화복의 발생 시기를 측정하는 것으로서 수, 목, 화, 토, 금의 오행 중에서 토는 중앙으로 하고 수, 목, 화, 금을 배치하였다. 길흉화복 발생 시기의 산출은 수(水)는 1, 6, 목(木)은 2, 7, 화(火)는 3, 8, 금(金)은 4, 9, 토(土)는 5, 0으로 수(水)는 임자(壬子), 을진(乙辰), 곤신(坤申)이 해당되며 1, 6수로서 길흉화복 발생시기는 1년, 6년, 16년, 1대, 6대 등으로 예측하며, 기간의 장단(長短)은 당판의 크기와 사(砂)의 위치에 따른 거리 등으로 측정한다.

오행의 결정에 있어서 묘(墓) 자리의 좌(坐)를 보고 결정한다. 예를 들어 임자입수 자좌오향의 임자(壬子) 용(龍)은 제3선 오행 수(水)에 해당되어 길흉화복 기간인 1, 6을 적용하여 1개월, 6개월, 1년, 6년, 16년, 1대, 6대 등의 기간에 길흉화복이 도래된다는 이론이다. 2자합의 용(龍)의 종류는 임자, 계축, 간인, 갑묘, 을진, 손사, 병오, 정미, 곤신, 경유, 신술, 건해 용(龍) 등이 있다.

(라) 음택 나경 제4선(좌향)

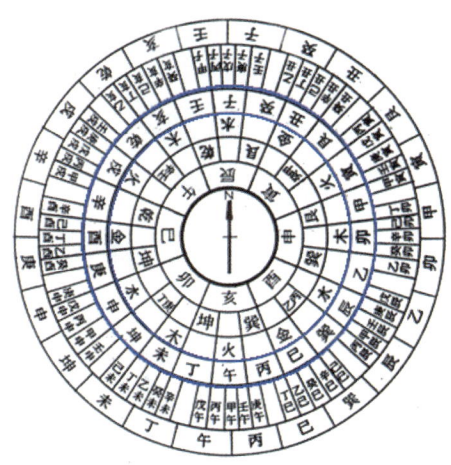

그림(3-34) 나경(제4선 좌향측정)

음택나경 제4선은 좌향을 표시하는 선으로서 그림(3-34)에서 보는 것처럼 24향을 나타내고 있으며 천간 10자중 무기를 제외한 8자(甲, 乙, 丙, 丁, 戊, 己, 庚, 辛, 壬, 癸)와 건, 곤, 간, 손 4자 및 12지지(子, 丑, 寅, 卯, 辰, 巳, 午, 未, 申, 酉, 戌, 亥)를 배합하여 24향(向)을 만들었으며 향(向)의 순서는 그림에서 보는 것처럼 위에서부터

제3장 풍수지리학 연구 **139**

임자, 계축, 간인, 갑묘, 을진, 손사, 병오, 정미, 곤신, 경유, 신술, 건해의 순서이다. 길흉화복 측정시 천간 8자와 건곤간손의 12방위는 손위사람을 뜻하고 지지 12방위는 손아래 사람을 뜻한다.

또한 패철에 따라서 검은색이나 청색으로 표시된 것은 음이고 흰색이나 붉은색으로 표시된 방향은 양(陽)으로서 길흉화복 측정시 음양(陰陽)의 구분에도 사용된다.

(마) 음택나경 제5선(분금선)

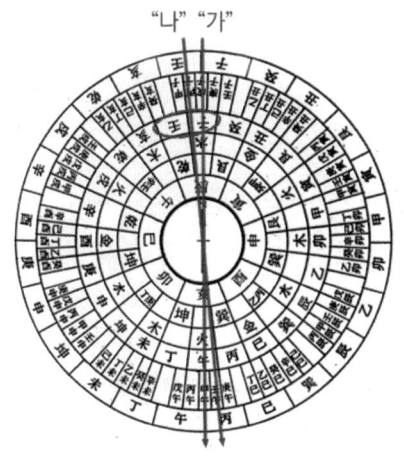

그림(3-35) 나경(제5선 분금선 측정)

제5선은 분금선으로 시신을 정확히 안치시키는데 사용하는 선으로 예를 들어 내룡을 측정하여 그림(2-35)에서 보는 것처럼 임자(壬子)의 2자합의 우선용(右旋龍)이었을 때 묘(墓)는 임자입수(壬子入首) 자좌오향(子坐午向)으로 자좌오향(子坐午向)은 윤도(輪圖)에서 보는 것처럼 "가" 선이나 분금을 하게 되면 "나" 선으로 시신의 방향은 "나" 선에 맞추어야 한다. 일설에 의하면 분금하지 않았을 때는 두 가닥의 전선이 평행으로 연결되지 않아 전류가 통하지 않으나, 분금하게 되면 두 가닥의 전선이 서로 연결되어 전등이 켜지는 것과 같은 이치다.

다. 풍수지리학 용어

(1) 태조봉(太祖峰)

그림(3-36) 태조봉, 중조봉, 소조봉, 혈

태조봉이란 혈(穴)을 기준으로 혈의 근본이 되는 주산을 말하며, 지대내의 용맥(龍脈)의 시작점을 의미한다. 즉 지대 내에서 제일 높은 산이 태조봉에 해당되며, 나무에 비유한다면 혈(穴)은 나뭇가지 끝에 달린 열매이고 태조봉은 나무의 뿌리 부분이라고 표현할 수 있다.

(2) 중조봉(中祖峰)

태조봉에서 용맥이 시작하여 혈에 이르기까지 중간부분의 높은 산을 말하며, 나무에 비유한다면 뿌리와 가지의 중간에 있는 나무의 줄기에 해당되는 부분을 말한다.

(3) 소조봉(小祖峰)

태조봉에서 시작한 용맥이 중조봉을 지나 혈에 이르기까지 중간부분의 높은 산을 말하며, 나무에 비유한다면 혈에 해당하는 열매를 맺기 전의 나뭇가지에 해당하는 부분이라 할 수 있다.

(4) 입수(入首)

그림(3-37) 입수(入首)위치도

혈을 만들기 위해 태조봉에서 시작한 기운이 중조봉과 소조봉을 지나 혈에 전달되기 바로 전단계의 지점을 말하며, 과일나무에 비유한다면 열매가 맺기 전에 꽃이 피었을 때 꽃의 꼭지에 해당하는 지점으로 그림(3-37)의 노란색 원으로 표시된 지점이 입수이다. 입수에는 주변보다 약간 볼록한 형태이거나 암석 등의 형태로 나타나며, 입수의 역할은 태조봉, 중조봉, 소조봉에서 내려오는 기운을 취합하여 혈에 보내주는 역할을 한다.

(5) 선익(蟬翼)

그림(3-38) 선익과 전순

　선익이란 문자 그대로 해석하면 매미의 날개를 뜻하는 것으로서 혈의 좌우에 매미날개처럼 보일듯 말듯 은은하게 붙어있는 지형을 뜻하며, 그림(3-38)의 노란색으로 표시된 지점에서 보는 것처럼 은은하게 나타난다. 선익은 외부의 바람이 혈에 들어가지 못하도록 막아주는 역할로서, 혈 전체의 바람막이 역할은 좌청룡, 우백호, 안산 등이 방풍의 역할을 하고 있지만, 혈 자체에 있어 선익의 역할은 좌청룡, 우백호의 역할을 좌선익, 우선익이 담당하게 된다.

(6) 전순(纏脣)

전순이란 그림(3-38)에서 노란색 원으로 표시된 지점으로 사람의 얼굴에 비유하자면 입술 또는 턱에 해당하는 부분이며, 용맥의 기운이 혈자리를 만들고 남은 기운이 모여서 만들어졌다고 하는 설(說)이 있는 것처럼 혈자리 앞부분을 나타낸다. 전순은 재산 또는 여자와 관련이 있으므로 전순이 좋은 형태일 경우에는 재산도 보존되고 부부간에 해로도 할 수 있으나, 전순이 약하거나 없으면 상처하기 쉽고 재산보존도 어렵다고 볼 수 있다.

(7) 혈(穴)

풍수지리학에 근거한 가장 좋은 자리를 혈(穴)이라고 할 수 있다. 양택(陽宅)에 있어서의 혈(穴)은 집터를 말하며 집터에서도 혈(穴)은 안방에 위치하도록 하는 것이 좋다. 음택(陰宅)에 있어서 혈(穴)은 바로 묏자리를 말하는 것으로 태조봉, 중조봉, 소조봉 등의 용맥(龍脈)의 흐름과 좌청룡, 우백호, 안산, 조산 등을 관찰하는 것도 결국은 이러한 산세의 흐름을 가지고 가장 좋은 혈(穴)을 찾기 위한 과정인 것이다.

혈(穴)의 종류는 와혈(窩穴), 겸혈(鉗穴), 유혈(乳穴), 돌혈(突穴) 등 크게 4가지로 분류할 수 있는데, 와혈(窩穴)의 와(窩)는 굴 내지는 움집을 뜻하는 글자이며 혈(穴)의 형태는 글자의 뜻에서 보는 바와 같이 좌청룡 우백호가 가까이서 감싸고 있는 듯한 형태이며 자칫 잘못하면 내룡맥(來龍脈)이 없는 곳을 혈자리로 오판하기가 쉬운 혈상(穴像)이다. 또한 겸혈(鉗穴)은 부젓가락 겸(鉗)의 글자이며 전순(纏脣)의 형태가 집게벌레 모양을 갖추고 있는 것이 특징이다. 유혈(乳穴)은 글자의 뜻과 같이 젖가슴 모양을 하고 있는 것이 특징이며 대부분 산진처(山盡處)에 위치하고 있는 흔히 볼 수 있는 혈의 형태이며 돌혈(突穴)은 내밀, 우뚝한 등을 뜻하는 글자이며 산의 형태가 우뚝하게 솟아오른 자리에 위치하고 있는 혈(穴) 형태라고 할 수 있다. 혈의 종류에 대하여 풍수서(風水書)의 표현형태와 현대인을 위한 등고선 지도 표현 및 사진으로 표현하면 다음과 같다.

・사진으로 보는 와혈(窩穴)

그림(3-39) 와혈(窩穴)

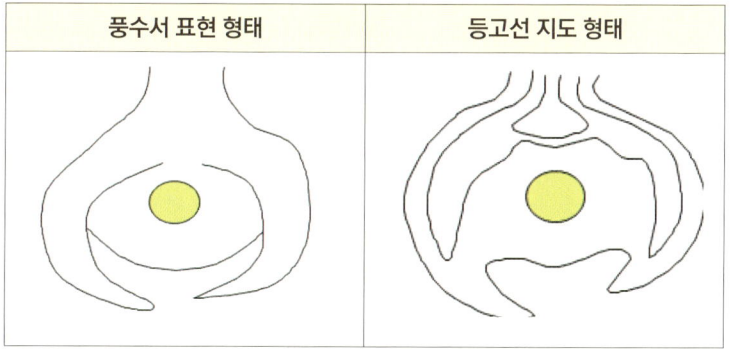

· 사진으로 보는 겸혈(鉗穴)

그림(3-40) 겸혈(鉗穴)(전순 부분)

풍수서 표현 형태	등고선 지도 형태

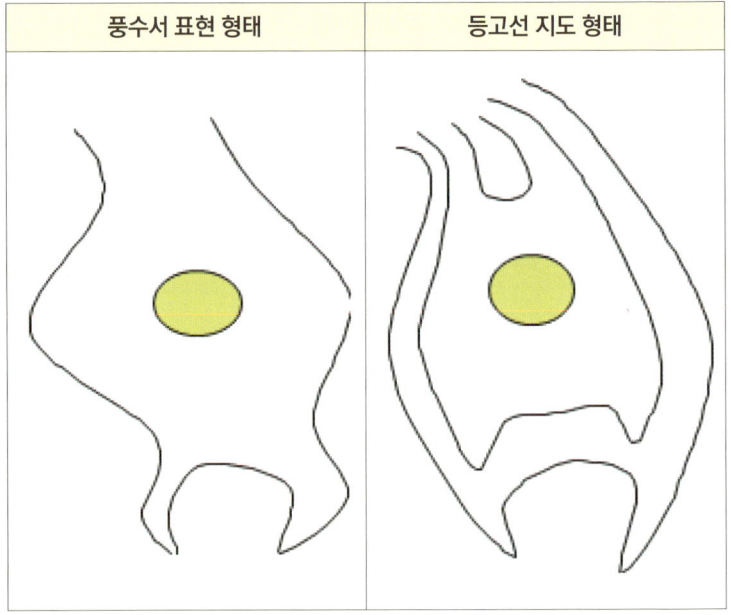

· 사진으로 보는 유혈(乳穴)

그림(3-41) 유혈(乳穴)

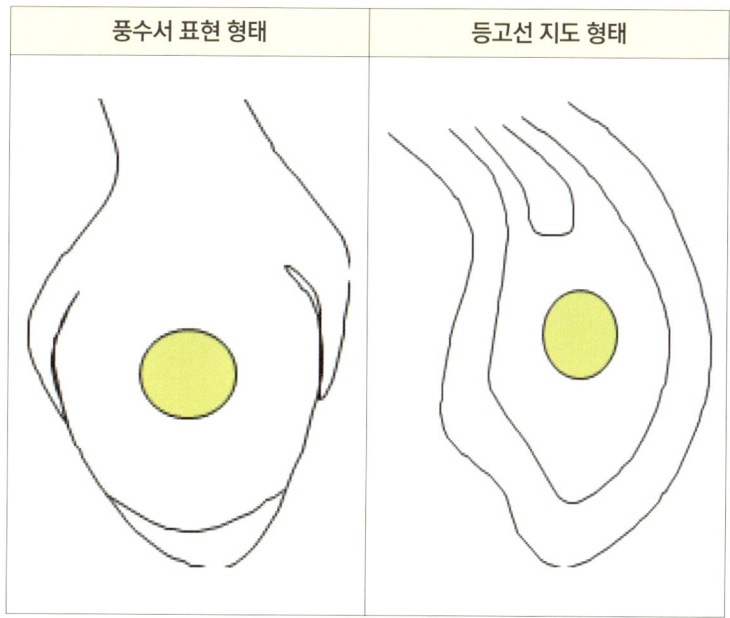

풍수서 표현 형태	등고선 지도 형태

제3장 풍수지리학 연구   147

・사진으로 보는 돌혈(突穴)

그림(3-42) 돌혈(突穴)

풍수서 표현 형태	등고선 지도 형태

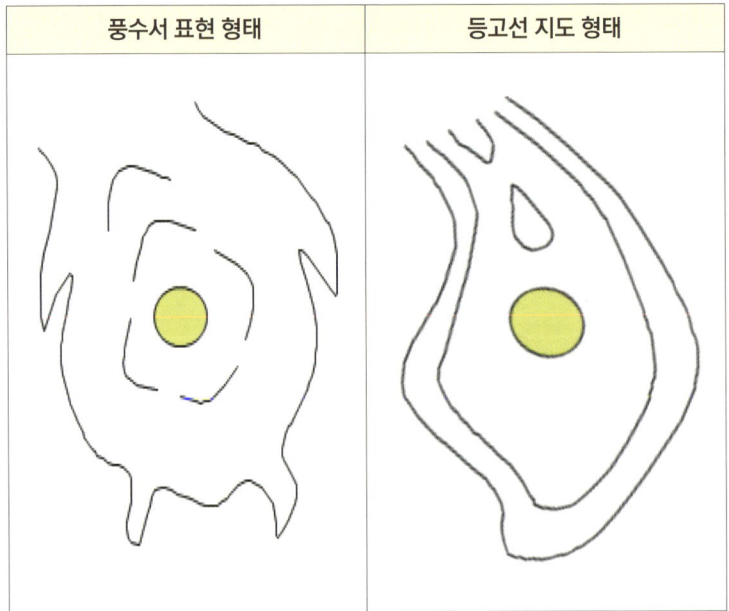

(8) 좌청룡(左青龍)

그림(3-43) 좌청룡

　그림(3-43)에서 보는 것처럼 혈을 기준으로 좌측에 있는 산을 좌청룡이라 하며, 좌측으로부터 불어오는 바람을 막아주는 역할을 한다. 풍수지리설에서 좌청룡은 본손(本孫)의 길흉과 관련이 있는 것으로 해석하며, 좌청룡의 가장 윗부분을 장남 그리고 가운데 부분을 차남, 끝부분을 막내로 구분하여 해석하기도 한다. 형태는 물이 흐르듯 용이 꿈틀거리는 듯한 모습을 길한 것으로 보며, 혈 가까이 있는 좌측 산맥의 흐름을 내청룡이라 하며, 내청룡보다 멀리 있는 좌측산의 흐름을 외청룡이라 한다.

(9) 우백호(右白虎)

그림(3-44) 우백호(右白虎)

그림(3-44)에서 보는 것처럼 혈을 기준으로 우측에 있는 산을 우백호라고 하며, 우측으로부터 불어오는 바람을 막아주는 역할을 한다. 풍수지리설에서 우백호는 외손 또는 며느리 등 여자와 재물 등의 길흉과 관련이 있는 것으로 해석하며 백호의 가장 윗부분으로부터 장녀, 차녀, 삼녀순으로 구분하여 해석하기도 한다. 형태는 호랑이가 앉아 있는 듯한 모습의 산 형태를 길한 것으로 보며, 혈 가까이 있는 우측 산맥의 흐름을 내백호라고 하고, 내백호보다 멀리 있는 산의 흐름을 외백호라고 한다.

(10) 안산(案山)

그림(3-45)에서 보는 것처럼 혈을 기준으로 혈의 전방에 있는 가장 가까운 산을 안산이라 하며, 안산의 형태는 혈에서 보았을 때 혈을 향하여 달려들지 않고 조용히 고개를 숙이는 듯한 다소곳한 형태의 산을 길한 것으로 보며, 혈보다 높거나 험악하게 생긴 안산은 흉한 것으로 판단한다. 안산은 통상적으로 배우자로 해석하기도 하며, 사회생활 또는 주산 앞의 책상으로 해석하기도 한다. 우리나라의 풍수에 있어 서울의 남산이 대표적인 안산이라 할 수 있다.

그림(3-45) 안산 및 조산

(11) 조산(朝山)

그림(3-45)에서 보는 것처럼 혈(穴)을 기준으로 혈의 전방에 있는 가장 가까운 안산보다 멀리 있는 전방의 산을 조산이라 하며, 조산의 형태는 혈에서 보았을 때 혈을 호위하는 형태로 있는 산을 길한 것으로 보며, 장풍(藏風)의 역할에 있어 좌청룡, 우백호와 더불어 전방으로부터 불어오는 바람을 막아주는 중요한 산이라 할 수 있다. 우리나라의 풍수에 있어 서울의 관악산이 대표적인 조산이라고 할 수 있다. 서울의 풍수에 있어 주산은 북악산, 안산은 남산이며 조산인 관악산은 화산(火山)의 형태이므로 관악산의 화기(火氣)를 방비하기 위해 경복궁 앞에 해태상을 세우는 등 풍수비보책을 사용하기도 하였다.

(12) 사(砂)

사(砂)의 한자어 뜻은 '모래'이며, 풍수지리학에서 '사(砂)'는 산과 언덕 등의 의미로 사용되고 있다. 좀더 구체적으로 표현한다면 주산(主山), 안산(案山), 조산(朝山), 좌청룡(左靑龍), 우백호(右白虎) 등 모든 산 또는 언덕, 능선 등이 사(砂)로 표현되고 있으며, 이러한 산과 언덕에 대하여 풍수지리학에서 사(砂)로 표현되고 있는 것은 풍수지리학 강의시 모래를 사용하여 주산과 좌청룡, 우백호, 안산 및 조산 등의 산의 모형을 만들어 강의를 하면서부터 사용된 용어라는 학설이 있다.

(13) 일자문성(一字文星)

일자문성은 산의 정상부 형태가 한자의 일(一)자 모양을 닮았다 하여 일자문성이라 표현하며, 대부분 토산(土山)에서 나타나고 있다. 일자문성은 그 형태에 따라 지사사(知事砂)와 장관사(長官砂) 및 영상사(領相砂) 등이 있다. 여기서 지사사(知事砂)는 도지사를 뜻하는 용어이며 장관사는 말그대로 장관급을 의미한다. 영상사는 현시대의 용어로 표현한다면 국무총리를 의미하며 그림에 나타난 여러 가지 일자문성의 산을 지사, 장관, 영상 등의 인물을 배출할 수 있는 기운을 가지고 있는 사(砂)라고 할 수 있다.

그림(3-46) 일자문성의 형태 Ⅰ

일자문성은 산의 정상부가 수평한 형태를 갖추고 있는 일(一)자 모양의 토산(土山)에서 나타나고 있으며, 대부분 귀(貴)의 기운을 가지고 있다. 그림(3-46)은 도지사급의 인물을 배출하는 기운을 가지고 있는 지사사(知事砂)라고 할 수 있다.

그림(3-47) 일자문성의 형태 Ⅱ

그림(3-47)은 일자문성의 형태 중에서도 장관급의 인물을 배출하는 기운을 가지고 있는 귀격(貴格)의 사(砂)라고 할 수 있다.

그림(3-48) 일자문성의 형태 Ⅲ

그림(3-48)은 일자문성 형태의 산의 정상부 좌우측에 귀가 솟은 형태로서 좌의정, 우의정, 영의정 등 영상급 인물을 배출하는 기운을 가지고 있다고 하여 영상사(領相砂)로 표현하고 있다.

(14) 심혈(尋穴)을 위하여

풍수지리학을 공부하는데 있어서 최종적으로 집터와 묏자리 등 혈(穴)을 찾을 수 있어야 한다. 풍수지리학의 각종 서적에서 표현하고 있는 좌청룡, 우백호, 입수, 선익, 전순, 등 모든 용어들은 혈의 진위(眞僞)를 분별하는데 필요한 내용이라고 해도 과언이 아닐 것이다. 혈을 찾기 위해서는 원칠근삼(遠七近三)이라는 표현과 같이 먼곳에서 산의 형세를 70% 이상 살펴보고 가까이서 나머지 30%를 살펴보는 것이 필요하다. 관산(觀山)에 있어서 산의 흐름과 각각의 산맥의 구성을 살펴보고 수목(樹木)의 종류와 생장(生長)도 살펴서 땅속 토질과 지하수의 상태를 유추할 수 있다. 또한 혈처에서는 용의 생사분별과 혈(穴)이 갖추어야 할 조건을 갖추고 있는지 여부를 살펴야 하며 주변 사격(砂格)의 길흉과 수세를 분별하여 공기의 흐름을 유추 해석하는 등 자연현상에 대한 총체적인 관점의 관찰이 필요하다고 할 수 있다.

그림(3-49) 토사를 제거한 뒤의 산의 모습

심혈(尋穴)을 위해서는 내룡, 입수, 선익, 전순 등을 살펴보아 혈(穴)의 진위(眞僞)를 분별하게 되는데, 이때 토사 속에 숨어 있는 암반(巖盤)의 형태를 예측하는 심혈(尋穴)의 자세가 필요하다.

그림(3-49)는 산 위에 있는 수목과 토사를 제거한 뒤에 남아있는 암반의 형태이다. 암반을 자세히 살펴보면 내룡, 입수, 선익, 전순 등의 모습이 나타나고 있다. 심혈(尋穴)에 있어 땅속 깊숙이 감춰져 있는 암반의 형태를 예측하여 심혈(尋穴)하는 자세가 필요하다.

제4장
풍수지리와 자연과학

1. 풍수지리학 관련 과학 이론

풍수지리학은 현대에 있어 먼 옛날의 이야기로 인식되는 경우가 많다. 그리하여 도시 계획이나 도로 계획시 산을 무 자르듯 싹뚝싹뚝 잘라서 아름다운 자연 경관을 훼손하고 자연 환경을 파괴하고 있으니, 풍수연구가의 입장에서 본다면 대단한 명당의 산허리도 거리낌 없이 잘라내는 현실이 안타깝다. 돌이켜보면 일제 강점기에는 일제에 의한 의도적인 산맥 절단과 명당의 파괴가 있었으나, 오늘날 우리의 현실은 국토 개발이라는 명분 아래 대형장비를 동원하여 전국 각지에서 산맥절단을 자행하고 있다. 산맥의 절단에 따른 피해는 풍수지리학적인 측면에서 본다면 생룡(生龍)을 사룡(死龍)으로 만들게 되고, 대명혈을 사전에 없애버리는 결과를 초래하므로 대단히 안타까운 일이다.

그러나 풍수지리학적인 측면뿐만 아니라 산맥의 절단에 따르는 환경 파괴와 기상의 변화 등은 현대의 과학으로도 해석이 가능한 분야이다. 예를 들면 도로 개설에 따른 산맥의 절단은 기존 지형이 가지고 있던 지형의 질서를 혼란시켜 산맥이 절단된 지역을 통한 새로운 바람의 통로 개설에 따른 체감온도의 변화와 건습도의 변화, 야생동물의 통로 폐쇄에 따르는 생태계 파괴와 산맥의 절단에 따른 지하수 통로의 폐쇄와 환경의 파괴 등이 현실로 확인할 수 있는 내용들이다. 여기에 추가하여 바람의 통로 개설(산맥의 절단된 지역)에 따른 보이지 않는 구름의 이동로 변경으로 집중호우와 가뭄, 산사태 등 기상의 변화도 우려되는 것이다. 평야는 평야다워야 하고 산은 산다워야 하며 하천은 하천다워야 한다. 주거단지는 주거단지다워야 하나 러브호텔이 있으면 곤란한 것이다. ○○일간지에 일직선의 하천개수 공사에 따라 물고기 등 수중 생태계의 파괴가 발생하자 하천 가장자리에 일직선이 아닌 요철의 굴곡을 부여함으로써 수중 생태계를 다시 복원한 내용이 기사화되었던 것처럼, 우리나라의 산천(山川) 또한 토막토막 자를 것이 아니라 산은 산의 모습을 유지할 수 있도록 도로 개설은 조금 우회하거나, 또는 반드시 산을 통과해야 한다면 자연생태계의 파괴를 최소화할 수 있는 터널(굴착공사간 발생하는 피압수는 밖으로 배출할 것이 아니라 우회통로를 개설하여 연결해 주는 것이 필요하다.)을 만들면 될것이다. 이제까지 먼 옛날의 이야기로 등한시되어 오던 풍수지리학에 대하여 유체역학과 체감온도 이론, 지형학, 수리학 등 각종 과학 이론을 접목하여 과거의 과학적 해석이 없던 시대에 만들어진 풍수지리학을 이제는 바람과 물과 지형에 대한 자연과학으로서 재조명해야 하며, 우리의 지형에 맞는 도로계획과 도시 계획 등의 학문이 환경 보존과 병행할 수 있도록 재정비해야 할 것이다.

가. 유체역학(流體力學)

유체(流體)란 액체와 기체 등 유동하는 물체를 이르는말로서, 고체에 비하여 어떤 형상으로나 쉽게 변하고 자유롭게 흐르는 특성을 가지고 있다. 이러한 유체의 종류는 표(4-1)에서 보는 것처럼 여러 가지 종류가 있으며 우리 인간 생활에 밀접하게 관련되어 있다. 유체의 유동이나 정지 상태 등 유체의 성질을 연구하여 인간 생활에 적용하는 것을 유체공학이라 하며, 유체의 유동과 정지 등을 풀이하는 학문을 유체역학이라 한다. 따라서 유체의 성질에 대한 대표적인 이론을 알아보고 풍수지리학과의 관계를 규명하여 풍수지리학과 자연과학의 상관 관계를 규명하고자 한다.

표(4-1) 유체의 종류

구분	유체의 종류	비고
액체	물, 기름, 글리세린, 염산, 질산, 액체암모니아 등의 일반적인 비압축성 액체	· 비압축성 액체 ⇒유체에 힘이 가해졌을 때 밀도, 온도 등의 변화를 무시할 수 있는 유체
기체	공기, 증기, 산소, 메탄가스, 기체암모니아 등의 일반적인 압축성 유체	· 압축성 유체 ⇒유체에 힘이 가해졌을 때 밀도, 온도 등의 변화를 쉽게 일으킬수 있는 유체

(1) 연속방정식

연속방정식은 유체인 공기와 물 등에 적용되는 이론으로 입구와 출구의 직경의 변화가 있는 파이프를 통과하는 유체의 양은 동일하다는 이론이다. 그림(4-1)의 A1지점의 단위시간당 통과하는 유체의 양과 A3지점의 단위 시간당 통과하는 유체의 양은 같다는 이론으로 A1지점은 단면적이 작으므로 유체의 통과속도는 반비례로 빠르게 통과하며 A3지점은 단면적이 크므로 유체의 통과속도는 반비례로 느리게 통과한다는 이론으로 풍수지리학에 접목한다면 계곡에서는 바람의 속도가 빠르게 흘러가고 개활지에서는 바람의 속도가 느리게 된다는 것을 확인시켜 주는 이론이다.

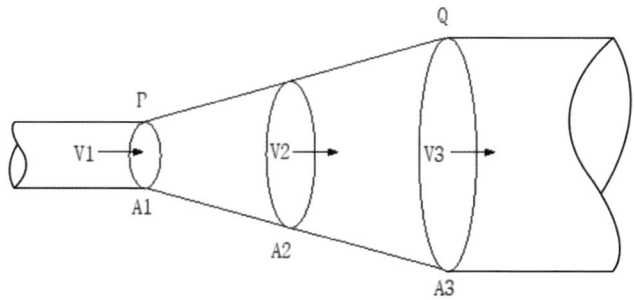

그림(4-1) 유관과 유체역학

※ 유체의 연속방정식은 그림(4-1)에서 보는 바와 같이 유관내 임의의 점 P와 Q에서의 속도를 각각 V1, V2, V3, 면적을 A1, A2, A3 밀도를 P1, P2, P3 라고 한다면 질량보존의 법칙으로부터 단위시간에 유관의 한쪽으로 흘러들어가는 유량과 다른쪽으로 흘러나오는 유량의 양은 동일하므로 식(4-1)과 같은 방정식이 성립된다.

식(4-1) P1 V1 A1 = P2 V2 A2 = P3 V3 A3

(P1,2,3 : 밀도, V1,2,3 : 속도, A1,2,3 : 단면적)

이러한 관계는 그림(5-1)의 임의의 점 P 와 Q 에 대하여 성립되므로 식(4-2)와 같은 방정식이 성립된다.

식(4-2) P V S = 일정(一定)
(P : 밀도, V : 속도, S : 관의 단면적)
이것은 유체역학 연속의 법칙을 수식으로 나타낸 것으로서「유체의 연속방정식」이라고 한다.
이상에서 알아본 연속방정식은 지형의 형태에 따라 바람의 속도가 빨라지고 느려지는 것을 해석할 수 있게 하는 이론으로 풍수지리학의 과학적 해석을 위한 중요한 부분이다.

나. 바람과 체감온도

우리의 생활 공간인 지구를 구성하고 있는 주요 물질은 기체, 액체, 고체의 3가지로 분류할 수 있으며, 우리의 생명 연장에 없어서는 안될 주요 물질 중의 하나인 기체 즉 공기는 질소, 산소 등의 여러 가지 성분으로 구성되어 있다. 지구의 대기(大氣)를 구성하고 있는 공기는 지표로부터의 높이에 따라 층계를 이루고 있으며, 이러한 층계는 공기의 유동현상이 수평 방향으로 움직일 수 있도록 하는 얇은 막과 같은 역할을 하고 있다. 바람이란 공기의 유동 현상 중에서 수평 방향의 유동 현상을 말한다. 바람은 속도와 위치 등에 따라 여러 가지로 분류되고 있으며, 바람의 분류에 대해 알아보면 풍계(風系)에 따라 대규모 풍계, 중규모 풍계, 소규모 풍계 등으로 분류하는 방법과 풍속에 따라 보우퍼트(Beaufort) 풍력 계급 분류법이 있다. 또한 위치에 따라 해륙풍, 산곡풍, 휀(Foehn)풍(높새바람), 하강풍 등으로 분류하는 방법과 계절풍 및 태풍 등 대단히 많은 종류로 분류되고 구분되어 있다. 바람의 역할에 대하여 거시적으로 보면 바람은 구름을 이동시켜 비를 내리게 하거나 가뭄이 생기는 원인으로 작용하며, 작게는 우리의 일상생활에서 겨울바람은 인체의 체감온도를 변화시키는 주요 요인으로 작용되기도 한다. 풍수지리학에서 중시하고 있는 바람에 대하여 바람의 구성과 종류, 성질 및 인체에 미치는 영향 등을 학문적 이론을 근거로 하여 알아보면 다음과 같다.

(1) 바람의 구성

표(4-2) 대기의 성분(건조공기)

성분	비율(체적 %)
질소(Na)	78.09
산소(O_2)	20.95
아르곤(Ar)	0.93
이산화탄소(CO_2)	0.03
네온(Ne)	0.0018
헬륨(He)	0.0005
크립톤(Kr)	0.0001
수소(H_2)	0.00005
크세논(Xe)	0.000008

바람이란 공기의 수평 방향의 유동 현상이며, 바람의 구성 요소인 공기의 성분은 표(4-2)에서 보는 것처럼 질소(Na), 산소(O_2) 등 여러 가지의 성분으로 구성되어 지구 전체를 둘러싸고 있는데, 지구를 둘러싸고 있는 공기를 대기(大氣)라고 한다. 대기는 표(4-3)

에서 보는 것처럼 지표(地表)로부터의 높이에 따라 층계를 이루고 있으며, 대기의 층계는 그림(4-2)에서 보는 것처럼 시각적으로 대기의 층계를 확인할 수 있다. "대기는 여러 가지 기체의 혼합체이며, 이밖에 작은 물방울, 눈송이, 먼지와 도시에서는 공장의 굴뚝에서 나오는 그을음 등의 액체와 고체의 불순물을 포함하고 있다. 순수한 공기중에서 수증기(水蒸氣)를 제외한 혼합기체를 건조(乾燥) 공기라고 하고, 수증기를 포함한 공기를 습윤(濕潤) 공기라고 한다. 건조 공기의 성분은 표(4-2)와 같으며, 지상 약90km까지는 거의 일정하다. 이 표에서와 같이 지표에서 90km까지를 질소와 산소가 약 99%를 차지한다."

그림(4-2) 공기의 층계

표(4-3) 표준대기

높이(km)	기온(℃)	기압(mb)	밀도(kg/㎥)
0	15.0	1,013	1.23
1	8.5	899	1.11
2	2.0	795	1.0
3	-4.5	701	0.91
4	-11.0	616	0.82
5	-17.5	540	0.74
6	-24.0	472	0.66
8	-37.0	356	0.53
10	-50.0	264	0.41
12	-56.5	193	0.31
15	-56.5	120	0.19
20	-56.5	55	0.09

(2) 바람의 분류

바람은 풍속, 풍계, 위치 등에 따라 여러 가지로 분류되고 있는데, 보우퍼트(Beaufort)의 풍력 계급 분류법과 풍계에 의한 분류 및 기타 바람의 종류에 대해 알아보면 다음과 같다.

(가) 보우퍼터(Beaufort)의 풍력 계급

(나) 풍계(風系)의 종류

표(4-4) 보우퍼트(Beaufort)의 풍력계급

풍력계급	이름	육지에서의 상태	바다에서의 상태	풍속 범위	
				m/sec	KTS
0	고요 Calm	연기가 똑바로 올라간다.	해면이 거울과 같이 매끈하다.	0-0.2	〈 1
1	실바람 Light air	연기의 흐름으로 풍향을 알 수 있으나 풍향계는 움직이지 않는다.	비늘과 같은 잔물결이 인다.	0.3-1.5	1-3

풍력계급	이름	육지에서의 상태	바다에서의 상태	풍속 범위 m/sec	풍속 범위 KTS
2	남실바람 Light breeze	얼굴에 바람을 느낀다. 나뭇잎이 움직이고 풍속계도 움직인다.	잔물결이 뚜렷해진다.	1.6-3.3	4-6
3	산들바람 Gentle breeze	나뭇잎이나 가지가 움직인다.	물결이 약간 일고 때로 흰물결이 많아진다.	3.4-5.4	7-10
4	건들바람 Moderate Breeze	작은 가지가 흔들리고 먼지가 일고 종이조각이 날려 올라간다.	물결이 높지는 않으나 흰물결이 많아진다.	5.5-7.9	11-16
5	흔들바람 Fresh breeze	작은 나무가 흔들리고 연못이나 늪의 물결이 뚜렷해진다.	바다일면이 일기 시작하고 흰거품이 있는 물결이 많이 생긴다.	8.0-10.7	17-21
6	된바람 Strong breeze	나무의 큰 가지가 흔들린다. 전선이 기울고 우산을 들 수 없다.	큰물결이 일기 시작하고 흰거품이 있는 물결이 많이 생긴다.	10.8-13.8	22-27
7	센바람 Near gale	큰 나무 전체가 흔들린다. 바람을 안고 걷기가 힘들게 된다.	물결이 커지고 물결이 부서져서 생긴 흰거품이 하얗게 흘러가고 있다.	13.9-17.1	28-33
8	큰바람 Gale	작은가지가 부러진다. 바람을 안고 걸을 수가 없다.	큰물결이 높아지고 물결의 꼭대기에서 물보라가 날리기 시작한다.	17.2-20.7	34-40
9	큰센바람 Strong gale	굴뚝이 넘어지고 기왓장이 벗겨지고 간판이 날아간다.	큰물결이 더욱 높아진다. 물보라 때문에 시계가 나빠진다.	20.8-24.4	41-47
10	노대바람 Storm	큰 나무가 뿌리채 쓰러진다. 가옥에 큰 피해를 입힌다. 육지에서는 드물다.	물결이 무섭게 크고 거품 때문에 바다 전체가 희게 보이며 물결이 격렬하게 부서진다.	24.5-28.4	48-55
11	왕바람 Violent srorm	큰 피해를 입게 된다. 아주 드물다.	산더미 같은 큰 파도가 인다.	28.5-32.6	56-63
12	싹쓸바람 (허리케인) Huricane	피해는 말할 수 없이 크다.	파도와 물보라가 대기에 충만되어 시계가 아주 나빠진다.	32.7이상	64.71

1) 대규모 풍계

① 무역풍 : 적도의 남북 양쪽으로부터 적도 저압대에 불어 들어오는 동쪽으로 치우친 바람(북반구에서는 북동풍, 남반구에서는 남동풍)이다.
② 편서풍 : 아열대 고기압의 북쪽 북위 30~60°에서 서쪽으로 치우친 바람이다. 특히 상층에서 뚜렷하다. 한국과 같이 중위도 지방에서 날씨가 서쪽에서 동쪽으로 변해가는 것은 편서풍의 영향에 의한 것이다.
③ 제트류 : 편서풍안에 있는 넓이 수 백km, 두께 수백m의 특히 바람이 강한 부분이다. 한반도 부근에서는 겨울철에 100m/sec 이상 되는 경우도 있다.
④ 극동풍 : 북위 60° 이북의 극(極)지방에서 부는 동쪽으로 치우친 바람이다. 높이가 몇 km이하이기 때문에 대류권의 중간층이상의 높이에서는 거의 나타나지 않는다.

2) 중규모 풍계

① 계절풍 : 여름, 겨울의 계절에 따라 부는 바람이다. 극동 아시아에서 가장 탁월하다.
② 기압계의 바람 : 고기압, 저기압, 태풍 등 그날의 일기도상의 기압 배치에 의해서 부는 바람이다. 대규모 풍계에서는 지구의 자전에 의한 전향력 때문에 바람은 기압이 높은 곳으로부터 낮은 곳으로 향해 불지 않고 보이스 발로트의 법칙에 따라 불게 된다.

3) 소규모 풍계

① 해륙풍(海陸風) : 바다와 육지의 기온차에 따라 낮에 바다로부터 내륙을 향해 부는 해풍(海風)과 밤에 내륙으로부터 바다를 향해 부는 육풍(陸風)이 있다.
② 산골바람 : 낮에 골짜기로부터 산꼭대기를 향해서 부는 골짜기 바람과 밤에 산꼭대기로부터 골짜기를 향해 불어내리는 산바람이 있다.
③ 국지풍(局地風) : 어느 지방 고유의 국지적 바람으로서, 한국의 높새바람 등이 여기에 속한다.
④ 용오름 : 뇌운이나 전선의 영향으로 생기는 소규모의 강한 소용돌이 바람으로서 토네이도 등이 여기에 속한다. 이밖에도 풍계에는 실내 미풍과 논밭이나 숲에서 부는 바람 등이 있으나, 이들 바람은 미세한 온도차와 지표면과의 마찰에 의해서 각각 특징을 갖는 미소한 풍계이다.

(다) 일반적인 바람의 종류

1) 해륙풍

국지풍계는 그 지역의 기상 특징을 변화시키는 골짜기, 산 및 경작지 등으로 조성된다. 땅은 물보다 태양의 복사열을 더 빨리 흡수하므로 주간에 지표 상공으로 상승한 공기는 지상에 수평을 유지하면서 바다로 이동한다. 이러한 공기의 공백을 메우기 위해 바다로부터 냉각된 공기가 육지로 이동하게 되어 소위 해풍을 일어나게 만든다. 이와 같은 공기의 순환은 밤에는 반대가 되어 지표상의 공기가 바다로 이동하게 되어 육풍을 일어나게 만든다.

2) 산곡풍

산록과 접촉하고 있는 공기는 주간 태양열로써 가열되어 주위의 공기보다 가벼워져서 산록을 따라 상승하며, 그 대신 밀도가 높고 차가운 공기가 몰려든다. 이러한 공기의 유동을 우리는 계곡풍이라 칭하며, 그 이유는 계곡을 따라 불기 때문이다. 야간에는 이와 반대로 산록과 접촉하는 공기는 좀더 차가워지고 밀도가 높아져서 마치 산 위로부터 불어내려 오는 것 같은 산바람을 일게 한다. 산바람은 통상 계곡풍보다 강하며, 특히 동계에는 더욱 강하다.

3) 휀(Foehn)풍(높새바람)

휀풍은 동계 및 춘계에 일어나는 현상으로서 언제나 습윤한 역풍이 산맥의 응달진 곳에 부는 바람이다. 이 습윤한 공기가 산맥의 바람부는 쪽으로 상승할 때 단열, 팽창 현상으로 인한 냉각으로 구름을 형성하여 강우 및 강설을 야기시키며, 이 공기가 산맥을 넘어 반대편으로 하강시는 단열 압축 현상으로 공기가 압축되어 따뜻하고 건조한 바람이 불게 된다.

4) 하강풍

하강풍은 지구 중력의 작용으로 산록 하층의 공기가 하강함으로써 일어난다. 이 바람은 해안의 무수한 협곡에 의해 해안선이 불규칙하게 절단된 바다의 높은 고원의 경사면이 험준하게 깎여 들어간 지형에서 잘 발생한다. 고원의 중앙은 연중 얼음이 덮여 있으며, 극히 한랭한 기단을 조성하여 가끔 협만을 통해 바다로 배출케 되므로 거의 태풍과 비슷한 속도를 갖게 된다. 수준면까지 와서 이 바람은 비교적 따스해지며 매우 건조하게 된다.

5) 계절풍

계절풍이란 통상 아열대 지방에 존재하는 바람으로서 강하고, 계절에 따라 풍향이 변하는 바람이다. 통상 이 바람은 겨울에는 육지에서 바다로 여름에는 반대로 바다에서 육지로 불어온다. 계절풍대의 여름은 구름이 끼고 비가 많으며, 안개가 끼며, 어떤 지역에서는 빈번한 뇌우를 가져오는 특징이 있다. 반면 겨울에는 건조한 공기와 비교적 맑은 하늘로서 특징지워지며, 도서지방에는 계절풍이 온화한 바다를 따라 불기 때문에 다소 많은 습기를 지니고 있다.

(3) 바람과 체감온도

체감온도(Effective Temperature)란 "덥다든지 춥다고 느끼는 이른바 체감의 정도를 수량적으로 나타낸 것"으로서 체감은 체표면의 열교환 상태에 따라 좌우되는데, 이것은 기온뿐만 아니라 풍속, 습도, 일사(日射) 등 기상 요인이 종합적으로 작용한 결과 결정된다. 그러나 이러한 변화율 외에 착의(着衣)나 거주 상태, 심리 상태에 의해서도 변동한다. C.P. 야글로의 실효온도(實效溫度)를 비롯하여 여러 가지 체감온도 산정 방식이 고안되어 왔다. 예를 들면 근년에 불쾌지수라는 것이 일반적으로 쓰이게 되었는데, 이것도 기온과 습도를 조합한 일종의 체감온도라고 말할 수 있다. 또한 풍속이나 일사를 고려하여 체감온도를 결정할 수도 있는데, 예를 들면 링케의 체감온도는 다음식에 의해 표시된다.

$$t_f = t - 4\sqrt{v} + 12\ I$$

t_f : 체감온도, t : 기온, v : 풍속
I : 지표면이 받는 복사량(cal/㎠min)

풍수지리학에서 바람의 영향을 해석하는데는 여러 가지 체감온도 이론이 있으나 여기서는 링케의 체감온도 이론을 풍수지리학의 해석에 적용하였다.

다. 토양과 지하수

(1) 토양

토양의 종류에는 점토, 마사토, 모래 등 여러 가지가 있으며, 토양의 분류에 대해 학술적으로 알아보면 흙입자의 크기와 소성지수, 액성한계 등 여러 가지 방법으로 분류하고 있다. 이러한 토양의 종류에 따라 인간 생활에 적절한 토양이 있는가 하면 부적절한 토양도 많이 있게 된다. 풍수지리학에서의 토양은 밝고 생기있는 토양을 양질의 토양으로 판단하며, 어둡고 음습한 토양을 좋지 않은 토양으로 분류한다. 현대에 토양은 대지의 입지 조건 중에서 배수

가 잘되고 견고한 토양을 양질의 토양으로 판단하고 있다. 따라서 토양에 대해 좀더 상세하게 알아보면 다음과 같다.

토양이란 '지구나 달의 표면에 퇴적되어있는 물질'로서 흙이라고도 한다. 대부분의 토양은 암석의 풍화물(風化物)이다. 지표면이나 지표 근처에 노출된 암석이 산소, 물, 열 작용을 받아 대, 소의 입자로 깨진 혼합물과 화학반응 생성물(점토광물, 탄산칼슘 등), 유기물로 구성되어 있다. 이 풍화 퇴적 물질(주로 암석의 입자) 사이는 공기와 물이 점유하고 있다. 이들 3상(三相) 사이에 침투, 분포되어 있는 식물의 뿌리는 양분과 수분을 흡수하여 생장하므로 토양은 생명현상의 근원이 된다. 그런데 토양에 대한 정의는 토양을 이용하는 각 분야에 따라 다르다. 농림업에서는 식물의 양분, 수분 저장과 조절, 방출, 식물체의 지지물로 보는가 하면, 지질학 분야에서는 풍화산물, 풍화멘틀 또는 표토(表土, Regolith)라고 하고, 토목공학에서는 엔지니어링 물질로 본다. 화학 분야에선 암석을 구성하고 있는 조암광물(造巖鑛物) 중의 이온·원자·분자 등이 물·산소·이산화탄소와 완만하게 작용하여 그 화학 결합이 풀려서 용액에 녹거나 새로운 침전물(주로 점토광물)을 생성하여 더욱 안정한 생성물을 만드는 전위상(轉位相)으로 보고 있다.

이와 같이 토양의 정의는 각 분야의 관점에 따라서 다르지만 1차적인 정의는 토양이 생명 현상의 근원이 되므로 우선 인간의 의·식·주 생활에 필수적인 것으로 보아야 한다. 실존적인 면에서의 정의는 토양이 3상계(三相系)이다. 대부분의 토양에서는 고체상(固體相)은 광물질 입자로 되어 있고, 이들 입자 사이에는 틈이 있어서

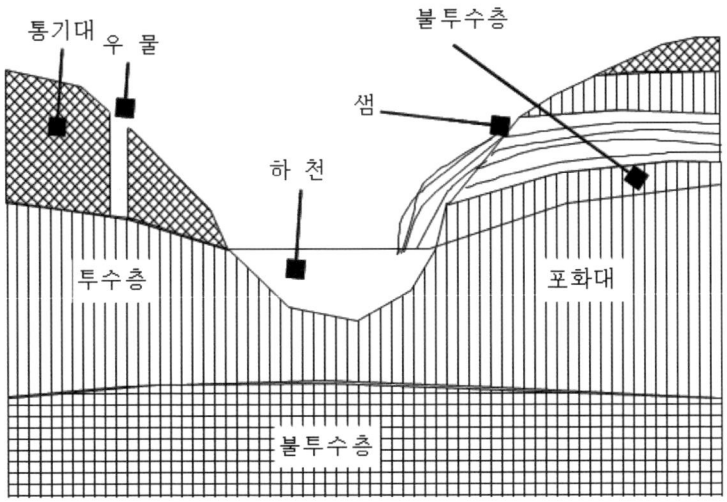

그림(4-3) 지하수 분포 상태

기체와 액체가 점유하고 있다. 액체상(液體相)은 주로 강수(降水)이며, 토양입자 표면에 흡착되어 수막(水膜)을 형성하여(토양입자와 물 사이의 정전기인력에 의한다.) 미세한 틈을 점유하고 있다. 큰 틈에는 토양이 물에 의해 포화되어 있지 않는 한 공기가 들어 있어 대기와 서로 가스 교환을 한다.

(2) 지하수

　지하수는 투수성이 높은 흙입자 사이에 포함되어 있는 지하수와 암반의 공간사이에 존재하는 심층지하수 등 여러 가지 종류가 있으며 공극이 큰 공간 사이로 지하 수맥을 형성하여 흐르고 있다. 이러한 지하 수맥이 있는 곳에 산소자리를 정하게 되면 유골이 물속에 놓이게 되며, 또한 건축을 하게 되면 지하수의 흐름에 따른 토양입자의 이동과 지층의 변화 등으로 건축물 벽체에 크랙(Crack)이 발생하는 등 여러 가지 영향을 미치게 된다. 따라서 지하수에 대해 좀더 상세하게 알아보면 다음과 같다.

지하수란 "지표에 내린 빗물이나 눈이 녹은 물이, 지표를 흐르는 동안 일부가 지하로 스며들어간다. 또한 강으로 흘러들어 가던 하천 가운데에서도 그 일부가 흙이나 암석의 틈새를 통과해서 땅속으로 스며들어가기도 한다. 이렇게 땅속으로 스며든 물도 중력에 끌려서 아래로 흡수되어 물을 통과시키지 않는 지반 위에 고이게 되는데, 이것이 지하수이다. 보통 지표면 바로 아래에는 물길 사이에 물이 채워져 있지 않다. 그러나 어느 정도 이상의 깊이에서는 모든 공간이 물로 채워져 있는데 이 부분을 포화대라고 한다. 포화대의 윗면을 지하수면이라고 하는데, 이 지하수면 아래까지 땅을 파 내려가면 물이 나온다."

이러한 지하수는 모세관 현상과 토압의 공극 사이를 통해 작은 소로를 형성하여 흐르게 되며, 계곡이 깊은 골짜기에서 물이 끊이지 않고 흐르는 것은 이러한 토압 사이에 수분이 지속적으로 흘러나와서 계곡수를 형성하는 것이다. 그림(4-3)에서 보는 것처럼 투수층 사이를 흐르고 지하수가 지표로 노출된 불투수층을 만나게 되면 샘을 형성하여 지표로 흐르기도 한다. 즉 이러한 지하수는 산의 흐름에 따라 지하수도 같이 흐르게 되며, 도로 개설 등으로 인하여 산을 자르게 되면 지하수의 흐름도 단절되게 되고 이로 인한 토양의 함수율 변화가 발생하게되며, 습윤하던 토양이 푸석푸석한 토질로 변화되어 식물 생장에 영향을 주게 되며, 그림(4-4 A, B)에서 보는 것처럼 식물 생장에 영향을 주기도하며, 인접 마을의 우물물 고갈 등 지하수에 영향을 주어 생활 환경에 영향을 미치게 된다.

그림(4-4A) 산의 절단에 따른 식물생장의 변화

그림(4-4B) 산의 절단에 따른 지하수맥 절단

2. 사례연구 (Ⅰ), 유석 조병옥 박사 생가

그림(4-5) 유석 조병옥 박사 생가

6.25전쟁 때 내무장관으로 대구 사수의 진두지휘를 담당하여 풍전 등화와 같은 조국을 수호한 유석 조병옥 박사의 생가

가. 개요

유석 조병옥 박사는 그림(4-5)에 나타난 생가에서 1894년 3월 21일 출생했으며, 본관은 한양(漢陽)이고 호는 유석(維石)이다. 충남 천안(天安)에서 출생하여 공주영명학교(公州永明學校)를 거쳐 1911년 평양숭실학교(平壤崇實學校)를 졸업하였고 1914년 연희전문(延禧專門)을 졸업하고 곧 미국으로 건너가 펜실베이니아주 킹스턴의 와이오밍 고교에 입학, 1918년 졸업하였다. 이어서 컬럼

비아대학에 입학하여 경제학을 전공하는 한편, 한인회(韓人會), 흥사단(興士團) 등의 단체에 참여하여 독립운동을 하였으며, 1925년 같은 대학에서 철학 박사학위를 획득하였다.

그해 귀국하여 연희전문 전임강사로 있으면서 YMCA 이사와 비밀 독립단체 그리스도신우회 회원이 되고, 1927년 신간회(新幹會)창립위원·재정총무를 역임하였다. 1929년 광주학생운동의 배후조종자로 검거되어 3년간 복역하였다. 1932년 조선일보사 전무 겸 영업국장에 취임하였으며, 1937년 수양동지회(修養同志會) 사건으로 2년간 투옥되었다. 1945년 8.15광복을 맞이하여 송진우(宋鎭禹)·장덕수(張德秀) 등과 한국민주당을 창당하고, 미군정청의 경무부장에 취임하여 치안유지와 공산당 색출에 진력하였다.

1948년 대통령 특사·유엔 한국대표 등을 역임하고, 1950년 6.25전쟁 때 내무장관으로 대구 사수의 진두지휘를 담당하였다. 그 뒤에 대통령 이승만(李承晩)과의 의견 충돌로 사직하고, 반독재(反獨裁)투쟁의 선봉에 나섰다. 1954년 제3대 민의원(民議員)에 당선되고, 이듬해 민주당(民主黨) 최고위원이 되었으며, 1956년 대표최고위원에 선출되어 야당을 지도하였다.

1958년 제4대 민의원에 당선되고, 1960년 민주당의 공천을 받아 대통령 선거에 입후보하였으나 선거를 1개월 앞두고 미국의 월터리육군의료센터에서 가료 중 병사하였다. 1962년 건국훈장 독립장이 추서되었다.

나. 풍수지리학적인 해석

그림(4-6) 용두리 조병옥 박사 생가 지역

태조봉(서림산) - 중조봉(낙사산) - 소조봉(115고지:주산)에 이르는 용맥이 상하 좌우 생기왕성한 행룡으로 조병옥 박사 생가 지역에 이르러 명당자리를 형성하였다.

그림(4-6)에서 보는 것처럼 용두리 지역의 국세를 살펴보면 태조봉인 서림산(316.6m)에서 용맥이 출발하여 상하 좌우로 요동치며 중조봉인 낙사산을 지나 주산인 용두 115고지에 이르기까지 생기왕성하게 행룡을 했으며 그림(4-7)에서 보는 것처럼 생가를 중심으로 보았을 때 좌측지역으로 뻗어나간 좌청룡(청색)은 몇 겹으로 줄기를 뻗어내려 노란색 원 안의 생가와 주룡을 호위하는 형세를 갖추고 있어 생가를 중심으로 훌륭한 좌청룡을 갖추고 있다고 해도 과언이 아니다.

그림(4-7) 생가와 좌청룡

노란색의 내룡(來龍)과 생가를 중심으로 보았을 때 좌측으로 뻗어 나간 좌청룡의 용맥이 몇 개의 줄기를 뻗어내려 생가를 호위하고 있는 형세를 갖추고 있다.

그림(4-8) 생가와 우백호

노란색의 내룡(來龍)과 생가를 중심으로 보았을 때 우측으로 뻗어나간 우백호의 용맥이 몇 개의 줄기를 뻗어내려 생가를 호위하고 있는 형세를 갖추고 있다.

그림(4-8)에서 보는 것처럼 생가를 중심으로 보았을 때 유관순 열사 생가 방향으로 뻗어나간 우백호(흰색)는 몇 겹의 줄기를 뻗어내려 주룡과 생가를 호위하는 형세를 갖추고 있어 좌청룡과 더불어 우백호 또한 생가를 호위하는 형세를 갖추고 있다.

그림(4-9) 생가와 안산

생가에서 바라본 전망은 일자문성(一字文星)의 대귀격(大貴格) 사(砂)가 정면에 있으며, 현지에서 보면 생가를 중심으로 산능선 전체가 반원을 그리듯이 둘러싸고 있어 훌륭한 국세를 이루고 있다.

그림(4-9)에서 보는 것처럼 생가의 정면으로 대귀격(大貴格)의 사(砂)인 일자문성(一字文星)이 위치해 있으며, 생가를 중심으로 안산(案山)격인 매봉산 줄기가 반월형으로 빈틈 없는 국세를 이루고 있어 귀인(貴人)의 출현을 예고하고 있다.

그림(4-10) 생가와 주산

생가의 주산은 일자문성의 대귀격 형태를 갖추고 있으며, 생가복원 시 실제의 위치에 실제의 형태로 복원하는 것은 대단히 중요한 일이라 할 수 있다.

그림(4-10)에서 보는 바와 같이 생가(生家)의 주산(主山)은 일자문성(一字文星)의 대귀격(大貴格) 형태를 갖추고 있다. 대귀격 형태의 주산과 대귀격 형태의 안산, 좌청룡, 우백호 등 모든 것이 제대로 갖추어진 대명당의 집터에서 큰인물이 나오는 것은 자연의 정해진 이치라고 할 수 있다. 유석 조병옥 박사의 생가는 현재 복원

되어 있는 생가의 위치와 실제의 생가 위치는 약간의 차이가 있으며 이러한 차이는 풍수지리학을 공부하는 학생들에게 있어서 혼란을 초래하고 있다. 유석 조병옥 박사의 생가 답사 과정에서 이웃 주민의 도움으로 실제의 생가 위치를 확인할 수 있었으며 앞으로의 생가 복원뿐만 아니라 각종 문화재 복원시 정확한 고증을 통해 문화재를 복원하는 것은 대단히 중요한 일이라고 할 수 있다.

다. 과학 이론을 적용한 학문적 해석

그림(4-11) 바람의 단면적

생가방향으로 바람이 불어오는 바람의 입구 용두교 지역(225m - 175m)에 비해 생가 지역(500m - 400m)은 비교적 넓은 면적을 갖추고 있다.

(1) 유체역학 및 체감온도

바람의 속도에 따라 변화하는 체감온도를 산출하기 위해서는 먼저 바람의 속도를 계산해야 하며, 여기에 유체역학 연속방정식 이론을 적용하면 다음과 같다.

연속방정식 : A1 V1 = A2 V2 = Q
(A : 단면적 , V : 풍속, Q : 유량/풍량)
· A : 각 지점별 단면적 산출(높이 : 8M)
    A1 = (225 + 175 / 2) * 8 = 1,600 ㎡
    A2 = (500 + 400 / 2) * 8 = 3,600 ㎡
· V : 각 지점별 풍속 산출(V1 = 10 M/S 가정)
    A1 V1 = A2 V2 = Q 연속방정식에 적용하면
    1,600 * 10 = 3, 600 * V2
    V2 = 1,600 * 10 / 3,600 = 4.4M/S
· tf : 각 지점별 체감온도 산출(세부내용:제2장 3항참조)
    체감온도 tf = t – 4 + 12 I
    (tf : 체감온도, t : 기온, v : 풍속, I : 지표면이 받는 복사량)
    A1지역 체감온도 산출 (t : 15℃기준, I : 0.307 ;11월 평균 일사량 적용)
    tf1 = t – 41 + 12 I
    tf1 = 15 – 4 + (12 * 0.307) = 6.0 ℃
    tf2 = t – 42 + 12 I
    tf2 = 15 – 4 + (12 * 0.307) = 10.3 ℃

표(4-5) 체감온도 산출 결과

구분	단면적(㎡)	풍속(M/S)	체감온도(℃)
A1	1,600	10	6.0
A2	3,600	4.4	10.3

※ 유체역학(流體力學)의 연속이론 방정식과 링케의 체감온도 산출식을 적용하여 산출한 결과 용두교 지역인 A1지역에 비하여 조병옥 박사의 생가 지역인 A2지역의 체감온도가 3.7℃ 더 높은 것으로 나타났다.

따라서 조병옥 박사의 생가 지역은 바람이 약한 곳으로 평소에 온화한 바람이 머물렀다가 흘러가는 지역이라고 할 수 있으며, 용두교 지역인 A1지역은 겨울에 세찬 바람소리와 함께 추운 곳이라 할 수 있다.

(2) 동일지층의 안정성

그림(4-12) 동일 지층의 연장선상에 위치한 생가

그림(4-13) 생가를 중심으로 원을 그리듯이 흐르는 녹동천

유석 조병옥 박사의 생가(生家) 위치에 대한 지형적인 안정성 측면을 분석했을 때 그림(4-12)에서 보는 것처럼 생가는 산맥의 연장선상에 위치하고 있기 때문에 동일 지층 위에 건축된 안정된 건물이며, 동일 지층의 연장선 확인에 있어서 그림(4-13) "가"에서 "나" 방향으로 흐르고 있는 하천인 녹동천은 생가를 중심으로 원(圓)을 그리듯이 흐르고 있기 때문에 생가 지역에서 하천까지는 산맥흐름의 연장선이라는 것을 다시 한 번 확인할 수 있다.

라. 현지답사

일시 : 11. 14
장소 : 충남 천안시 병천면 용두리
측정장비 : 풍속계(Kestrel 3000)

표(4-6) 풍속 측정 결과

구분	단면적(㎡)	풍속 측정 결과(m/s)		체감온도 (평균풍속적용)	비고
		최대	평균		
A1	1,600	1.5	0.8	7.6	
A2	3,600	0.9	0.4	8.7	1.1℃ 차이

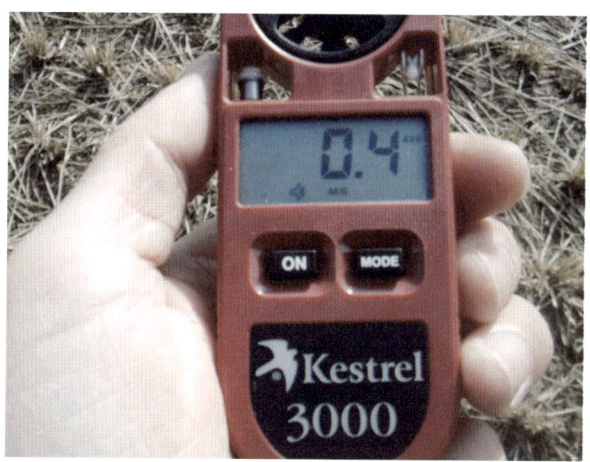

그림(4-14) 생가 지역 바람속도 측정

바람속도 측정은 10분 동안의 바람속도를 측정하여 최대 풍속과 평균 풍속을 측정하였다.

※체감온도 산출

기온 = 7.5℃, I = 0.307(11월 평균 일사량 적용)

$tf = t - 4 + 12I$

$tf1 = 7.5 - 4 + (12 * 0.307) = 7.6℃$

$tf2 = 7.5 - 4 + (12 * 0.307) = 8.7℃$

표(4-7) 이론과 실제의 차이

구분	풍속(m/s)			체감온도(℃)		
	A1지점	A2지점	차이(%)	A1지점	A2지점	차이(%)
이론	10	4.4	-5.6(44)	6.0	10.3	+4.3(172)
답사결과	0.8	0.4	-0.4(50)	7.6	8.7	+1.1(114)

※ 이론상 풍속은 10 m/s로 가정했으나 답사결과 풍속은 0.8m/s로 바람이 약한 상태였으며, 바람이 강한 추운 겨울날에는 이론상으로 나타난 것처럼 체감온도의 차이는 바람의 속도에 따라 더욱더 크게 차이가 날 것이다.

마. 소결론

유석 조병옥 박사의 생가生家는 서림산 - 낙사산 - 무명 115고지 - 생가를 잇는 거대한 용의 행룡 종착점에서 맺어진 명당이다. 풍수지리학적인 측면에서 보았을 때 몇 겹의 좌청룡 및 우백호, 일자문성(一字文星)형태의 주산과 안산, 매봉산 줄기의 반월형 국세, 녹동천의 흐름 등 용맥과 집터, 주변의 사(砂), 물의 흐름 등 모든 것이 잘 갖추어진 훌륭한 명당이라 할 수 있다. 이러한 명당지역에 대해 과학적 이론을 바탕으로 해석을 하면 생가 지역은 산맥의 연장선상에 위치하여 동일 지층의 안정된 지형에 위치하며 충분한 일조를 받을 수 있는 지역으로 풍속측면에서 지형적으로 인접지역보다 온화한 바람에 해당되며, 그 결과 체감온도는 주변보다 높게 분석되었다. 또한 안산은 시각적 안정감을 유지하고 있으며 집 앞의 넓은 들판은 심리적 안정감을 유지할 수 있는 좋은 전망으로서, 생가 지역은 집터로서 갖추어야할 입지조건을 대부분 갖춘 매우 양호한 집터라고 할 수 있다. 그러나 생가 뒤편의 무명 115고지를 잘라내고 도로가 개설되었다고 가정한다면, 풍수지리학적인 측면으로 보았을 때 생기왕성한 거대한 생룡(生龍)이 사룡(死龍)으로 되어 6.25전쟁시 내무장관으로서 대구사수의 진두지휘를 담당했던 유석 조병옥이라는 인물은 기대하기 어려웠을 것이다. 또한 현대 자연과학적인 측면에서 접근해 본다면 서림산에서 출발하여 생가에 이르는 산맥 절단시 동물의 통로폐쇄에 따라 생태계의 파괴와 지하수맥 절단으로 수목의 생장발육 변화에 따른 환경 파괴뿐만 아니라 용두리 지역의 우물물 감소 등 생활 환경에도 많은 영향을 미치게 되었을 것이다. 따라서 도로 개설시 산맥의 절단 등은 반드시 지하수맥의 절단과 생태계 연결통로 폐쇄 및 체감온도의 변화에 따른 생태계 변화 등 다각적인 측면에서 검토되고 고려되어야 하며, 가능한 산맥의 절단보다는 환경의 파괴를 최소화할 수 있는 터널의 개설 또는 산맥을 절단하지 않고 우회하거나 경사를 주어 산맥을 절단하지 않도록 하는 등의 조치가 필요한 것이다.

3. 사례연구 (Ⅱ), 세종대왕릉 : 영릉

풍수 관련 서적과 풍수연구가들 사이에 세종대왕릉을 명당인 현재의 위치로 이장한 결과 그 발복으로 성종대의 태평성대를 누릴 수 있었다는 설이 있을 만큼 영릉(英陵)은 대명당으로 알려져 있다. 따라서 대명당으로 잘 알려진 영릉(英陵)에 대해 풍수지리학적인 이론과 현대의 과학 이론을 접목시켜 해석하면 다음과 같다.

그림(4-15) 세종대왕 왕릉(경기도 여주 소재)

가. 영릉의 역사

조선 제4대 왕인 세종과 왕비 소헌왕후(昭憲王后) 심씨(沈氏)의 능으로 사적 제195호이며 경기도 여주군 능서면 왕대리에 있다. 당초 영릉은 1446년(세종 28) 소헌왕후가 승하하자 광주(廣州) 서강(西岡)에 쌍실의 능을 만들고 그 우실(右室)은 왕의 수릉(壽陵)으로 삼았다가 1450년(문종 즉위년) 세종대왕이 승하하자 합장하였다. 이 능제(陵制)는 『국조오례의』 치장조(治葬條)에 따라 만든 것으로 조선 전기 묘제의 기본이 되었다. 능의 석물은 병석(屛石) 가운데 영저(靈杵, 공이)・영탁(靈鐸, 방울)・지초문양(芝草文樣)을 빼고 운채(雲彩)와 십이지신상만을 새겨 조선병석문(朝鮮屛石文)을 확정했으며, 혼유석(魂遊石)의 고석(鼓石)은 5개에서 4개로 줄였고, 기타 양식상 바꾸어 고친 것이 약간 있었다. 세조 이후 영릉이 좋지 않다는 이유로 능을 옮기자는 주장이 있었으나, 서거정(徐居正)의 반대로 옮기지 못하다가, 1469년(예종 1)에 다시 옮기자는 의논에 따라 여주로 옮겼다. 능제는 세조가 승하한 뒤부터 크게 바뀌어 병석과 석실제를 폐지하고 회격(灰隔)으로 하여 합장하고, 능 앞에 혼유석 2좌를 놓아 양위임을 표시하였을 뿐 단릉과 마찬가지로 하였다. 여주로 영릉을 옮길 때 천장도감(遷葬都監)에서 석물을 함께 옮기자고 하였으나 왕명에 의하여 그 자리에 묻었다. 1973년에 석물들을 발굴하여 청량리 영휘원(永徽園) 북쪽에 세운 세종대왕 기념관으로 옮겼다. 혼유석, 장명등(長明燈), 2기(基)의 무관석과 문관석, 4기의 석수, 7기의 망주석과 구 영릉터에 세웠던 세종대왕신도비가 그것이다.

　이상에서 알아본 것처럼 세종대왕 왕릉은 1450년 세종대왕이 승하 하자 소헌왕후와 합장하였으나 19년 뒤인 1469년 지금의 영릉 위치로 이장하였다. 세종대왕이 승하한 이후 문종, 단종, 세조, 예종등 4대의 왕이 집권한 기간은 19년으로 평균 5년의 재위기간을 기록했으며, 세종대왕의 왕릉 이장 후 즉위한 성종은 20년 동안의 태평성대를 누린 것이 세종왕릉의 발복에 기인한다고 보는 견해도 있다.

나. 풍수지리학적인 해석

영릉(세종대왕릉)은 그림(4-16)에서 보는 것처럼 북성산 255 고지에서 출발한 용맥이 상하 좌우로 요동치며 중조봉을 지나 소조봉인 왕대리의 무명고지까지 행룡을 해서 다시 용맥의 출발지인 북성산을 향하여 회룡(回龍)한 형태의 생기왕성한 생룡이며 주산인 소조봉에서 세종대왕 동상 방향으로 뻗어나간 좌청룡은 혈(穴)

그림(4-16) 영릉의 주산과 안산

그림(4-17) 영릉 좌청룡 부분

을 결지할 수 있도록 혈을 감싸는 자세를 취했으며, 중조봉에서 세종전 방향으로 뻗어나간 우백호 또한 혈을 호위하는 자세로 있으며, 우백호는 안산의 역할까지 할 수 있도록 그림(4-16)에서 보는 것처럼 혈을 평온하게 감싸주고 있으며 안산 너머 태조봉인 북성산이 조산의 역할을 하며 우뚝선 모습이 보는 이로 하여금 힘이 불끈 쏟도록 해주고 있다. 혈처는 유혈로서 전형적인 회룡고조혈(回龍顧祖穴)의 명당이라 평할 수 있다.

그림(4-18) 안정된 지형위에 위치한 영릉

다. 과학 이론을 적용한 해석

영릉은 지형의 안정성 측면에서 그림(4-18)에서 보는 것처럼 산의 흐름의 연장선상에 위치하여 안정된 지형 위에 위치했으며, 풍속(風速, 바람의 속도)면에서 넓은 명당 지역에 비해 좁은 입구 지역으로 풍속은 반비례하여 명당지역이 풍속이 약하므로 체감온도가 높은 지역이고 입구 지역은 풍속이 강하므로 체감온도가 낮은 지역이다. 따라서 영릉의 위치는 풍속이 약한 곳으로 체감온도가 높은 따뜻한 지역이며, 지형상 동일 지층의 연장선상에 위치하여 안정된 명당자리라 할 수 있다. 과학적 이론에 대하여 좀더 깊이 있게 상술하면 다음과 같다.

(1) 유체역학 및 체감온도

그림(4-19) 영릉 지역 외부바람 입구

그림(4-20) 영릉지역 내부바람 단면적

바람의 속도에 따라 변화하는 체감온도 산출을 위하여 먼저 바람의 속도를 계산하기 위해 유체역학 연속방정식 이론을 적용하면 다음과 같다.

연속방정식 A1 V1 = A2 V2 = Q

(A : 단면적 , V : 풍속, Q : 유량/풍량)

각 지점별 단면적 산출

A1 = (250 + 150) / 2 *5 = 1,000 ㎡

A2 = (300 + 250) / 2 *5 = 1,375 ㎡

(단, H = 60M 등고선 기준)

각 지점별 풍속 산출(V1 = 1 M/S 가정)

A1 V1 = A2 V2 = Q 연속방정식에 적용하면

1,000 * 1 = 1,375 * V2

V2 = 1,000 * 1 / 1,375 = 0.727 M/S

각 지점별 체감온도 산출

체감온도 tf = t – 4 + 12 I

(tf : 체감온도, t : 기온, v : 풍속, I : 지표면이 받는 복사량)

A1지역 체감온도 산출 (t : 10℃기준, I : 0.307 ;11월 평균 일사량 적용)

tf1 = t – 4 + 12 I

tf1 = 10 – 4√1 + (12 * 0.307) = 9.7 ℃ =1

tf2 = t – 42 + 12 I

tf2 = 10 – 4√0.727+ (12 * 0.307) = 10.3 ℃

표(4-8) 체감온도 산출 결과

구분	단면적(㎡)	풍속(M/S)	체감온도(℃)
A1	1,000	1	9.7
A2	1,375	0.727	10.3

※ 유체역학의 연속이론 방정식과 링케의 체감온도 산출식을 적용한 결과 영릉 입구 지역(A1지역)에 비해 영릉 지역(A2지역)의 체감온도가 0.6℃ 높은 것으로 나타났다.

따라서 영릉 지역은 바람이 약한 곳으로 평소에 온화한 바람이 머물렀다 흘러가는 지역이며 영릉 입구 지역은 겨울에 영릉 지역에 비해 추운 곳이다.

(2) 지층의 안정성

그림(4-21) 동일 지층의 연장선상에 위치한 영릉

영릉의 지형적인 안정성 측면을 분석했을 때 그림(4-21)에서 보는 것처럼 영릉은 산맥의 연장선상에 위치하고 있으므로 동일 지층 위에 위치한 안정된 지형의 장소임을 한눈에 확인할 수 있으며, 안정된 지형에 대해서는 재론의 여지가 없는 곳이라 할 수 있다.

라. 현지답사

일시 : 11. 13

장소 : 경기도 여주군 왕대리

측정장비 : 풍속계(Kestrel 3000)

표(4-9) 풍속 측정 결과

구분	단면적(㎡)	풍속 측정 결과(m/s)		체감온도 (평균풍속적용)	비고
		최대	평균		
A1	1,000	3.1	1.0	9.7	
A2	1,375	2.3	0.6	10.6	0.9℃ 차이

그림(4-22) A1지역 최대풍속 측정

그림(4-23) A1지역 평균풍속 측정

※ 체감온도 산출

기온 = 10℃, I = 0.307(11월 평균 일사량 적용)

$tf = t - 4 + 12 I$

$tf1 = 10 - 4\sqrt{1} + (12 * 0.307) = 9.7℃$

$tf2 = 10 - 4\sqrt{0.6} + (12 * 0.307) = 10.6℃$

표(4-10) 이론과 실제의 차이

구분	풍속(m/s)			체감온도(℃)		
	A1지점	A2지점	차이(%)	A1지점	A2지점	차이(%)
이론	1	0.727	-0.273(73)	9.7	10.3	+0.6(6)
답사결과	1	0.6	-0.4(60)	9.7	10.6	+0.9(9)

※ 이론상 풍속은 1m/s로 가정했으며, 답사결과 풍속 또한 1m/s로 바람이 약한 상태였다. 이론과 실제의 체감온도 차이는 0.3℃이다.

마. 소결론

　세종대왕과 소헌왕후의 영릉(英陵)은 풍수지리학적인 측면에서 보았을 때 북성산에서 출발한 생기왕성한 용맥이 영릉에 이르러 다시 용맥의 출발지인 북성산을 향하여 회룡한 전형적인 회룡고조혈(回龍顧祖穴)의 명당이라 할 수 있다. 영릉의 좌청룡과 우백호는 훌륭한 장풍국(藏風局)의 형태로서 지형적으로 바람이 들어오는 입구는 좁으며, 영릉의 명당 지역은 넓은 지형으로 바람의 속도 측면에서 본다면 바람이 들어오는 좁은 입구 지점은 바람의 속도가 빠르게 들어오나 명당 지역에 들어와서는 넓은 명당 지역으로 인해 바람의 속도가 매우 느려지게 되어 풍수지리학에서 표현하는 장풍국 즉 바람이 잠시 머물렀다 흘러가는 형국을 이루고 있는 것이 특징 중의 하나이다. 또한 지형적으로 골짜기에 위치한 명당은 없다고 해도 과언이 아닐 만큼 거의 대부분이 능선상에 위치하고 있어 풍수지리학적으로 산맥 즉 용맥이 흘러가다 잠시 멈춘 곳에 명당이 위치하고 있다. 이러한 명당에 대하여 과학적 이론을 바탕으로 해석한 결과 풍속과 체감온도 측면에서 대단히 유리한 지역으로 확인되었으며, 지형의 흐름을 육안으로 분석해 보았을 때 동일 지층의 안정된 지형에 위치하고 있음을 알 수 있다. 풍수지리학에서는 평지에도 약간의 높고 낮음을 분별하여 조금이라도 높은 지형이 멀리서 바라보면 뱀이 기어가는 듯한 형태로 나타나고 있는 지형을 따라 혈(穴)자리가 있다고 표현하고 있다. 이러한 내용 또한 현대인의 입장에서 분석해 본다면 평지에도 지하 암반맥의 흐름이 지표상에 희미하게 흔적으로 나타나고 있다는 것을 의미한다고 할 수 있다. 즉 명당이란 지하암반의 흐름선상에 위치하여 동일 지층 위에 안정된 지형과 주변산의 구성 등 지형적으로 바람이 약한 곳을 명당이라고 할 수 있다.

4. 마애불 앞에서

깊은 산
우뚝한 바위 속에
숨어계시는 부처님을
알아본 사람은 누구이었을까?

일편단심으로
바위 속 부처님을
이 세상에 나타내신 그 사람은
아마도 부처님이시겠지

마애불 앞에 서면
누가? 무엇을 위하여?
잠깐의 세속적인 생각은
소금기 절은 석공의 땀 내음으로
숙연한 마음이 되어지고
고개 들어 바라보는 하늘에는
하얀 뭉게구름이 한가로워진다

경주 마석산 백운대 마애불 입상 가는 길

마애불!
아마도 석공은
간절히 염원하는
그 무엇인가 있었겠지
나, 가족, 이 세상
그리고 다음세상을 위해서

세상을 살면서
간절한 그 무엇이
마음속에 자라고 있다면
바위 속 숨어계시는
부처님을 찾아낸 혜안과
석공의 땀 내음이 남아있는
마애불을 찾아보는 것은
잠시 돌아가는 인생의 지름길이겠지요

전국 마애불 현황(지역별 분류) 2022년 6월 기준(문화재청자료)

종목	명칭	시대명	지정일	위치주소
강원도 유형문화재	영월 무릉리 마애여래좌상	고려시대	1982-11-03	강원 영월군 무릉도원면 무릉리산139
강원도 유형문화재	원주수암리 마애삼존불상	고려시대	1998-09-05	강원 원주시 소초면 수암리 1346-3번지
강원도 유형문화재	원주평장리 마애공양보살상	고려시대	1998-09-05	강원 원주시 소초면 평장리 산78-2번지
강원도 유형문화재	원주흥양리 마애불좌상	고려시대	1998-09-05	강원 원주시 소초면 흥양리 산1번지
강원도 문화재자료	동송읍마애불상	고려시대	1984-06-02	강원 철원군 동송읍 이평리 산142번지
경기도 유형문화재	망경암마애여래좌상	대한제국시대	1980-06-02	경기 성남시 수정구 태평로 55번길 72 (복정동, 망경암)
보물	시흥 소래산 마애보살입상	고려시대	2001-09-21	경기 시흥시 대야동 산140-3번지
경기도 유형문화재	석남사마애여래입상	고려시대	1981-07-16	경기 안성시 금광면 상중리 산22번지
경기도 유형문화재	삼막사마애삼존불	조선시대	1980-06-02	경기 안양시 만안구 삼막로 478 (석수동)
경기도 유형문화재	석수동마애종	고려시대	1980-06-02	경기 안양시 만안구 석수동 산32번지
경기도 유형문화재	양평상자포리 마애여래입상	고려시대	2000-03-24	경기 양평군 개군면 상자포리 36-1번지
경기도 유형문화재	여주계신리 마애여래입상	고려시대	1980-06-02	경기 여주시 흥천면 계신리 산5번지
경기도 유형문화재	문수산마애보살상	고려시대	1984-09-12	경기 용인시 처인구 원삼면 문촌리 산25번지
보물	이천 영월암 마애여래입상	고려시대	1985-01-08	경기 이천시 관고동 438
보물	이천 장암리 마애보살반가상	고려시대	1989-04-10	경기 이천시 마장면 장암리 181-1
경기도 유형문화재	소고리마애여래좌상	고려시대	1984-09-12	경기 이천시 모가면 소고리 91-9번지
보물	파주 용미리 마애이불입상	고려시대	1963-01-21	경기 파주시 광탄면 용미리 산8, 9번지
경기도 유형문화재	파주마애사면석불	고려시대	1995-08-07	경기 파주시 진동면 동파리 산31-1번지
보물	하남 교산동 마애약사여래좌상	고려시대	1989-04-10	경기 하남시 교산동 산10-3번지 선법사
보물	거창 가섭암지 마애여래삼존입상	고려시대	1971-07-07	경남 거창군 위천면 상천리 산6-2번지
경상남도 유형문화재	고성 거산리 마애약사여래좌상	고려시대	2020-02-06	경남 고성군 거류면 거산리 산43-2
경상남도 유형문화재	김해 구산동 마애여래좌상		1979-12-29	경남김해시구산동산2

종목	명칭	시대명	지정일	위치주소
경상남도 유형문화재	김해 초선대 마애여래좌상		1974-02-16	경남 김해시 안동 685-1번지
경상남도 유형문화재	김해 봉화산 마애여래좌상		1979-05-07	경남 김해시 진영읍 본산리 산3-17 및 3-18
경상남도 유형문화재	산청 도전리 마애불상군		1982-08-02	경남 산청군 생비량면 도전리 산61-1
경상남도 유형문화재	양산 가산리 마애여래입상		1972-02-12	경남 양산시 동면 가산리 산3-2
경상남도 유형문화재	양산원효암 마애아미타 삼존불입상	조선시대	2005-07-21	경남 양산시 상북면 천성산길 727-82, 원효암
국가 등록문화재	양산 통도사 자장암 마애아미타여래 삼존상	조선시대	2014-10-29	경남 양산시 통도사로 108 (하북면) 자장암 경내
경상남도 유형문화재	양산 호계리 마애여래좌상		1979-05-02	경남양산시호계동411
경상남도 유형문화재	창녕 감리 마애여래입상		1972-02-12	경남 창녕군고암면감리산64
보물	창녕 송현동 마애여래좌상	통일신라	1963-01-21	경남 창녕군 창녕읍 송현리 105-4번지
경상남도 유형문화재	창원 삼정자동 마애여래좌상		1979-05-02	경남 창원시 성산구 삼정자로 79 (삼정자동)
경상남도 유형문화재	하동 금오산 마애여래좌상		1993-01-08	경남 하동군 금남면 경충로 493 223 (중평리)
경상남도 유형문화재	하동 이명산 마애여래좌상		1974-12-28	경남 하동군 북천면 직전리 산54
경상남도 문화재자료	하동 쌍계사 마애여래좌상		1983-07-20	경남하동군쌍계사길59 (화개면) 쌍계사
보물	함안 방어산 마애약사여래 삼존입상	통일신라	1963-01-21	경남 함안군 군북면 하림리 산131번지
보물	함양 덕전리 마애여래입상	고려시대	1963-01-21	경남 함양군 마천면 덕전리 768-6번지
경상남도 유형문화재	함양대리리 마애여래입상		1997-01-30	경남 함양군 안의면 대리리 산30-1번지
경상남도 유형문화재	함양대덕리 마애여래입상		1997-01-30	경남 함양군 함양읍 대덕리 159-22 외
보물	합천 치인리 마애여래입상	통일신라	1963-01-21	경남 합천군 가야면 치인리 산1-1(해인사뒤 2.7km)
경상북도 유형문화재	경산원효암 마애여래좌상	통일신라	2006-06-29	경북 경산시 갓바위로 386-73 (와촌면, 원효암)

종목	명칭	시대명	지정일	위치주소
국보	경주 단석산 신선사 마애불상군	신라	1979-05-22	경북 경주시 건천읍 단석산길 175-143 (송선리)
경상북도 유형문화재	경주 송선리 마애불		2018-02-22	경북 경주시 건천읍 송선리 산44
국보	경주 남산 칠불암 마애불상군	통일신라	2009-09-02	경북 경주시 남산동 산36-4번지
보물	경주 남산 신선암 마애보살반가상	통일신라	1963-01-21	경북 경주시 남산동 산36-4번지
경상북도 유형문화재	삼릉계곡 마애관음보살상		1972-12-29	경북 경주시 남산순환로 341-126 (배동)
경상북도 유형문화재	삼릉계곡선각육존불		1972-12-29	경북 경주시 남산순환로 341-126 (배동)
경상북도 유형문화재	삼릉계곡 마애석가여래좌상		1982-02-24	경북 경주시 남산순환로 341-126 (배동)
경상북도 유형문화재	백운대마애불입상		1985-10-15	경북 경주시 내남면 내외로 1090-80 (명계리)
보물	경주 남산 용장사지 마애여래좌상	통일신라	1987-03-09	경북 경주시 내남면 용장리 산1-1번지
경상북도 유형문화재	경주약수계곡 마애입불상		1979-01-25	경북 경주시 내남면 용장리 산1-1번지

경주 남산 칠불암 마애불상군

종목	명칭	시대명	지정일	위치주소
경상북도 유형문화재	경주동천동 마애삼존불좌상		1985-10-15	경북 경주시 동천동 산4번지
보물	경주 율동 마애여래삼존입상	통일신라	1963-01-21	경북 경주시 율동 산60-6
경상북도 유형문화재	경주배리윤을곡 마애불좌상		1985-10-15	경북 경주시 배동 산72-1번지
보물	경주 낭산 마애보살삼존좌상	통일신라	1980-06-11	경북 경주시 배반동 산18-3번지
경상북도 문화재자료	경주 남산 탑곡 제1사지 마애조상군		2022-03-21	경북경주시배반동 산40
경상북도 유형문화재	보리사마애석불		1985-10-15	경북 경주시 배반동 산66-1번지
보물	경주 남산 탑곡 마애불상군	통일신라	1963-01-21	경북 경주시 배반동 산72, 산79
보물	경주 서악동 마애여래삼존입상	통일신라	1963-01-21	경북 경주시 서악동 산92-1
보물	경주 골굴암 마애여래좌상	통일신라	1974-12-30	경북 경주시 양북면 안동리 산304번지
보물	경주 남산 불곡 마애여래좌상	삼국시대	1963-01-21	경북 경주시 인왕동 산56번지
보물	구미 금오산 마애여래입상	고려시대	1968-12-19	경북 구미시 남통동산33
보물	구미 황상동 마애여래입상	통일신라	1992-01-15	경북 구미시 황상동산90-14
경상북도 유형문화재	군위불로리 마애보살입상		1991-11-23	경북 군위군 효령면 불로리 산1번지
경상북도 유형문화재	금릉은기리 마애반가보살상		1990-08-07	경북 김천시 어모면 은기리 산22번지
보물	문경 봉암사 마애미륵여래좌상	조선시대	2021-01-05	경북문경시가은읍 원북리485 봉암사 지나서
경상북도 유형문화재	대승사마애여래좌상		1988-09-23	경북 문경시 산북면 전두리 산38-1번지
경상북도 문화재자료	문경 반곡리 마애여래좌상	고려시대	2019-10-21	경북 문경시 산양면 반곡리
국보	봉화 북지리 마애여래좌상	신라	1980-09-16	경북 봉화군 물야면 북지리 산108-2번지
경상북도 유형문화재	봉화동면리 마애비로자나불입상		1992-07-18	경북 봉화군 재산면 동면리 산268번지
경상북도 문화재자료	성주백운리 마애여래입상	통일신라	1999-08-09	경북 성주군 수륜면 백운리 56-1번지
경상북도 유형문화재	옥산사 마애약사여래좌상		1984-12-29	경북 안동시 북후면 장기리 산146번지
보물	안동 이천동 마애여래입상	고려시대	1963-01-21	경북 안동시 이천동 산2번지
경상북도 문화재자료	안동 매정리 마애불	통일신라	2021-03-22	경북 안동시 녹전면 매정리 198

종목	명칭	시대명	지정일	위치주소
보물	영주 가흥동 마애여래삼존상 및 여래좌상	통일신라	1963-01-21	경북 영주시 가흥1동 264-2번지
경상북도 유형문화재	영주가흥리암각화		1990-08-07	경북 영주시 가흥1동 264-2번지
경상북도 문화재자료	영풍월호리 마애석불좌상		1991-05-14	경북 영주시 문수면 월호리1152
경상북도 문화재자료	흑석사마애삼존불상		1998-08-03	경북 영주시 이산면 석포리 산1380-1번지
보물	영주 신암리 마애여래삼존상	통일신라	1980-09-16	경북 영주시 이산면 신암리 1439-30, 산106
경상북도 문화재자료	영주강동리 마애보살입상	고려시대	2005-01-10	경북 영주시 평은면 강동리 산87-3
경상북도 문화재자료	영주휴천동 마애여래좌상		2006-03-23	경북 영주시 휴천동 630, 경상북도 영주시 대학로77
경상북도 유형문화재	의성 생송리 마애보살좌상	고려시대	2011-09-22	경북 의성군 단밀면 생송리 산175-13
경상북도 유형문화재	청도장육산 마애여래좌상	조선시대	2006-10-16	경북 청도군 운문면지촌리산18
보물	칠곡 노석리 마애불상군	통일신라	1979-05-02	경북 칠곡군 기산면 노석리 산43-2번지
광주광역시 문화재자료	용진산마애여래좌상	조선시대	1989-03-20	광주 광산구 원사호길 55-43 (사호동)
광주광역시 유형문화재	운천사마애여래좌상	고려시대	1974-09-24	광주 서구 쌍촌동 99-7번지
대구광역시 유형문화재	동화사염불암 마애여래좌상 및 보살좌상	통일신라	1988-05-30	대구 동구 도학동 산124-1번지
대구광역시 유형문화재	신무동마애불좌상		1988-05-30	대구 동구 신무동 235-7번지
대구광역시 유형문화재	신무동삼성암지 마애약사여래입상		1988-05-30	대구 동구 신무동 산16번지
대구광역시 유형문화재	팔공산 마애약사여래좌상	통일신라	1982-03-04	대구 동구 용수동 산1번지
보물	대구 동화사 마애여래좌상	통일신라	1963-01-21	대구 동구 동화사1길1(봉황문 인접)동화사남쪽
대전광역시 유형문화재	보문산마애여래좌상	고려시대	1990-05-28	대전 중구 석교동 산17-1번지
부산광역시 문화재자료	마애지장보살좌상	조선시대	2001-05-16	부산 수영구 광남로257번길 58 (민락동)
보물	서울 삼천사지 마애여래입상	고려시대	1979-05-22	서울 은평구 진관동 산51번지
보물	서울 북한산 구기동 마애여래좌상	고려시대	1963-01-21	서울 종로구 구기동 산2-1번지

종목	명칭	시대명	지정일	위치주소
서울특별시 유형문화재	도선사 마애불입상	조선시대	1977-09-05	서울특별시 강북구 우이동 264
서울특별시 유형문화재	봉천동 마애미륵불좌상	조선시대	1982-11-18	서울특별시 관악구 봉천동 산 4-9
서울특별시 유형문화재	학도암 마애관음보살좌상	조선시대	2000-07-15	서울특별시 노원구 중계본동 산 102
보물	서울 옥천암 마애보살좌상	고려시대	2014-03-11	서울특별시 서대문구 홍지문길 1-38 (홍은동, 옥천암) / (지번)서울 서대문구 홍은동 8
보물	서울 보타사 마애보살좌상	고려시대	2014-07-02	서울특별시 성북구 개운사길 60-46 (안암동5가, 보타사) / (지번)서울 성북구 안암동5가 7
서울특별시 유형문화재	안양암 마애관음보살좌상	대한제국시대	1999-11-15	서울특별시 종로구 창신동 130-1
세종특별자치시 문화재자료	연동 송용리 마애여래입상	고려시대	2012-12-31	세종특별자치시 연동면 송용리 99-3번지
울산광역시 유형문화재	어물동마애여래좌상	통일신라	1997-10-09	울산 북구 어물동 산122번지
인천광역시 유형문화재	보문사 마애석불좌상	일제강점기	1995-03-02	인천 강화군 삼산남로 828번길 44 (삼산면) 보문사
전라남도 문화재자료	강진월남리 마애여래불두상	고려시대	1999-11-20	전남 강진군 성전면 월남리 산116-2번지
전라남도 유형문화재	구례사성암 마애여래입상	고려시대	1999-07-05	전남 구례군 문척면 사성암길 303 (죽마리)
보물	나주 철천리 마애칠불상	고려시대	1968-06-10	전남 나주시 봉황면 철천리 산124-11번지
보물	보성 유신리 마애여래좌상	고려시대	1988-04-01	전남 보성군 율어면 유신길 195 (유신리) / (지번)전남 보성군 율어면 유신리 산125-1
전라남도 문화재자료	선암사마애여래입상		1987-09-18	전남 순천시 승주읍 선암사길450 (죽학리)
전라남도 유형문화재	영암월곡리 마애여래좌상		1987-06-01	전남 영암군 군서면 월곡리 산1-1 (노적봉-시리봉중간)

종목	명칭	시대명	지정일	위치주소
국보	영암 월출산 마애여래좌상	통일신라	1972-03-02	전남 영암군 영암읍 회문리 산26-8번지
전라남도 유형문화재	장흥구룡리 마애여래좌상	고려시대	1998-02-05	전남 장흥군 부산면 구룡리 산52번지
전라남도 문화재자료	금골산마애여래좌상	조선시대	1984-02-29	전남 진도군 군내면 둔전리 산94-1번지
국보	해남 대흥사 북미륵암 마애여래좌상	고려시대	2005-09-28	전남 해남군 삼산면 구림리 산8-1번지 북미륵암
전라남도 유형문화재	화순운주사 마애여래좌상		2005-07-13	전남 화순군 도암면대초리20-1운주사
전라북도 유형문화재	운선암마애여래상	고려시대	2000-06-23	전북 고창군 성송면 계당리 산27번지
보물	고창 선운사 동불암지 마애여래좌상	고려시대	1994-05-02	전북 고창군 아산면 도솔길 294, 선운사 (삼인리)
전라북도 유형문화재	문수사마애여래좌상	고려시대	1999-11-19	전북 김제시 황산5길 158 (황산동)
보물	남원 신계리 마애여래좌상	고려시대	1965-07-16	전북 남원시 대산면 신계리 산18번지
전라북도 문화재자료	노적봉마애여래좌상	고려시대	1999-07-09	전북 남원시 사매면 서도리 23-1번지
보물	남원 개령암지 마애불상군	고려시대	1992-01-15	전북 남원시 산내면 덕동리 산215번지(정령치지역)
전라북도 유형문화재	견두산마애여래입상	고려시대	2003-05-16	전북 남원시 수지면 고평리 산102-4번지
전라북도 유형문화재	여원치마애불상	고려시대	1998-11-27	전북 남원시 이백면 양가리 5-3번지

해남 대흥사 북미륵암 마애여래좌상

종목	명칭	시대명	지정일	위치주소
전라북도 유형문화재	무주 대불리 마애삼면보살좌상	고려시대	2021-07-30	전북무주군설천면 대불리산38-1 민주지산 석기봉아래
전라북도 문화재자료	석산리마애여래좌상	고려시대	2003-05-16	전북 순창군 적성면 석산리산130-2
전라북도 유형문화재	수만리마애석불	통일신라	1979-12-27	전북 완주군 동상면 수만리 4-3번지
충청남도 유형문화재	논산신풍리마애불		1976-01-08	충남 논산시 부적면 신풍리 산13번지
충청남도 유형문화재	논산상도리마애불	고려시대	2004-04-10	충남 논산시 상월면 상도리 산60번지
충청남도 문화재자료	논산수락리마애불	고려시대	1985-07-19	충남 논산시 수락 계곡길559(벌곡면)
충청남도 문화재자료	연산송정리 마애삼존불		1993-12-31	충남 논산시 연산면 송정리 산41-2
충청남도 문화재자료	대천왕대사마애불	통일신라	1990-09-27	충남 보령시 내항동 산97번지
충청남도 유형문화재	부여홍산상천리 마애불입상	고려시대	1992-12-08	충남 부여군 홍산면 상천리 산104-1번지
국보	서산 용현리 마애여래삼존상	백제	1962-12-20	충남 서산시 운산면 용현리 산 2-10번지 / (도로명)운산면 마애삼존불길 65-13
충청남도 유형문화재	천안성불사 마애식가삼존 16나한상및불입상	고려시대	2002-08-10	충남 천안시 동남구 성불사길 144 (안서동)
보물	천안 삼태리 마애여래입상	고려시대	1964-09-03	충남 천안시 동남구 풍세면 삼태리 산28-1
충청남도 문화재자료	만일사마애불	고려시대	1984-05-17	충남 천안시 서북구 성거읍 천흥리 산50-2번지
국보	태안 동문리 마애삼존불입상	삼국시대	2004-08-31	충남 태안군 태안읍 동문리 817-1 (태을암/ 마애삼존불길132)
충청남도 문화재자료	홍성구절암마애불		1998-07-25	충남홍성군 구항면 지정리 570-1(홍성군 구항면 거북로218번길163)
보물	홍성 신경리 마애여래입상	고려시대	1963-01-21	충남 홍성군 홍북면 신경리 산80-1번지
충청남도 유형문화재	홍성상하리미륵불		1979-07-03	충남 홍성군 홍북읍 상하리 506-8
충청남도 유형문화재	홍성 상하리 마애보살입상	고려시대	2019-01-30	충남 홍성군 홍북읍 상하리 산1-1
충청남도 유형문화재	용봉사마애불	통일신라	1985-07-19	충남 홍성군 홍북읍 신경리 산79

종목	명칭	시대명	지정일	위치주소
충청북도 유형문화재	괴산 삼방리 마애여래좌상		1982-12-17	충북 괴산군 불정면 삼방리 산55번지
보물	괴산 원풍리 마애이불병좌상	고려시대	1963-01-21	충북 괴산군 연풍면 원풍리 산124-2번지
충청북도 유형문화재	괴산 도명산 마애불상군		1984-12-31	충북 괴산군 청천면 화양리 14-3번지
충청북도 문화재자료	보은 법주사 상고암 마애불상군	조선시대	2010-11-05	충북 보은군 법주사로 658-24 (속리산면, 상고암)
보물	보은 법주사 마애여래의좌상	고려시대	1963-01-21	충북 보은군 속리산면 법주사로 379 (사내리)
충청북도 유형문화재	옥천 용암사 마애여래입상		1976-12-21	충북 옥천군 옥천읍 삼청리 산51-1번지
충청북도 유형문화재	음성 미타사 마애여래입상	고려시대	1982-12-17	충북 음성군 소이면 소이로61번길 164 (비산리)
보물	제천 덕주사 마애여래입상	고려시대	1964-09-03	충북 제천시 한수면 송계리 1번지 덕주사
충청북도 유형문화재	증평 남하리사지 마애불상군	고려시대	1998-12-31	충북 증평군 증평읍 남하리 35-2번지
충청북도 유형문화재	진천 노원리 마애여래입상		1997-06-27	충북 진천군 이월면 노원리 산39-2번지
충청북도 유형문화재	진천 사곡리 마애여래입상		1982-12-17	충북 진천군 이월면 사곡리 산68-1번지
충청북도 문화재자료	진천 산수리 마애여래좌상	고려시대	1998-01-09	충북진천군인화길83 (덕산읍, 성림사)
충청북도 유형문화재	진천 태화4년명 마애여래입상		1981-05-01	충북 진천군 초평면 초평로 473 (용정리)
충청북도 유형문화재	청주 정하동 마애비로자나불좌상		1982-12-17	충북 청원군정하동산9-1
보물	충주 봉황리 마애불상군	삼국시대	2004-03-03	충북 충주시 중앙탑면 봉황리 산27
충청북도 유형문화재	충주 창동리 마애여래상	고려시대	1980-11-13	충북 충주시 중앙탑면 창동리 240
충청남도 유형문화재	금산 미륵사 석조불두 및 마애불편 일괄		2010-12-30	충청남도 금산군 복수면 지량리 산 122

5. 풍수지리 공부 이야기

　풍수지리 공부는 매일 반복되는 회사원들의 직장생활과는 다르게 매일 매일 새로운 세상의 이야기들로 가득하다. 누구나 세상을 살면서 경이로운 추억들이 있는 것처럼 풍수지리공부는 혼자만의 가슴 속에 묻어두기에는 아쉬움이 남는 부분이 있어 풍수지리 공부 이야기를 간단하게 소개하고자 한다.

　풍수지리를 공부하면서 풍수지리학 최초 박사 학위를 취득하신 박시익 교수님의 전설 같은 이야기로 명당의 효과가 궁금하여 산속 명당자리에 산소처럼 땅을 파고 잠을 자고 나왔다는 이야기를 듣고 현장을 보기도 하였으며, 호랑이가 보은으로 소점을 하였다는 명당 산소 자리를 답사하였고 호랑이의 무덤도 보았다.

　풍수 공부를 하면서 조금만 더 조금만 더 하면서 산속에서 공부를 하다가 깜깜한 밤이 되어 산을 내려오면서 뒷목이 쭈뼛쭈뼛 식은땀이 나던 경험도 하였고, 마을을 지날 때면 언제나 푸대접하던

개떼들의 합창소리는 마을사람들 신경을 세울까봐서 마음이 쓰였다. 풍수지리 공부이야기는 남자들의 군대이야기처럼 몇 날 며칠 밤을 세워도 다하지 못할 것 같다.

1984년 부터 공병장교로서 건축을 할 때마다 어떻게 하면 좀 더 좋은 집을 지을 수 있을까를 생각하면서 풍수지리학을 적용한 건축을 시작하였다.

세월이 흘러 1999년 청주 충북대학교에서 하남 장용득 선생님의 제자인 동원 이현기 선생님으로부터 대조풍수지리학의 창시자 재산 김대환 선생님과 같이 풍수지리 공부를 하였다. 풍수지리 공부는 자연의 이치에 대한 공부로서 이론공부뿐만아니라 현장중심의 공부가 필수적인 요소라 할 수 있다.

저자는 군생활을 하면서 공부를 하였지만 재산 김대환 선생님은 다니던 직장을 그만두고 그 당시 퇴직금 3천여만원을 사모님께 드리고 산속으로 풍수의 길을 떠났다.

재산 선생님은 풍수공부를 시작하면서 산소자리, 집터, 사찰, 천년고목, 기도터, 마애불 자리, 백로서식지, 바위에 새겨진 바둑판과 장기판의 자리, 절터가 없는 곳에 세워진 탑의 역할 등 수많은 자연속의 풍수지리를 공부하였으며 그 공부를 옆에서 지켜보았다.

풍수지리 공부를 사진으로 기록하기 위해 낚시대를 이용한 사진촬영과 근래에 들어서 드론을 이용한 영상촬영 등 수업 때마다 흥미진진한 새로운 내용의 강의를 듣다 보면 재산 선생님의 풍수지리에 대한 열정과 과학적 접근법에 감탄을 금할 수 없다.

　땀으로 젖은 세월이 흘러 어느날 대조풍수지리 초대회장인 재산 김대환 선생님이 전국의 산야를 누비며 타고 다니던 차량이 724,743km의 주행기록을 남기고 회생불능으로 폐차에 이르게 되자 재산 선생님은 풍수 공부의 애마 역할을 하였던 차량을 그냥 보내기가 너무도 아쉬워 사진에서 보는 것처럼 말무덤이 아니라 차무덤을 만들기에 이르렀다.

　차숙의 무수한 날들 속에 한번은 사찰 입구의 넓은 공터에 밤 늦게 도착하여 차숙을 하고 아침에 일어나보니 며칠전 노스님의 다비식 자리였다는 이야기는 또 하나의 전설같은 이야기가 되고 있다.

　풍수지리 공부는 일상의 반복으로부터 벗어나 자연속에서 하나의 테마를 가지고 여행하는 색다른 즐거움의 시간들이다.

참고 문헌

1. 建築計劃, 李光魯, 宋鐘奭, 李廷德, 劉熙俊, 尹道根, 文運堂, 1988. 10. 20
2. 建築計劃, 建築計劃硏究會, 建友社, 1991. 2. 5
3. 建築計劃, 건축기사시험 연구회編, 圖書出版 성안당
4. 建築計劃各論, 金正秀, 金熙春, 劉熙俊, 尹道根, 李廷德, 文運堂, 1980. 10. 10
5. 건축계획 각론, 김영수, 도서출판 서우, 1998. 2. 5
6. 建築士, 建築計劃(Ⅰ), 建築士受驗硏九委員會, 空間藝術社, 1996. 3. 20
7. 建築設計·意匠論, 金受顯, 鄭英喆, 도서출판 국제, 1990. 7. 30
8. 基礎大學物理學, 金永銓, 洪鍾夏, 梁柱龍, 吳炳完, 螢雪出版社, 1979. 2. 25
9. 基礎力學演習, 技術試驗 硏究會編, 張震和, 1994. 1. 3
10. 기초항공역학, 임종규, 문경욱, 도서출판 성안당, 1993. 11. 22
11. 氣候學 槪論, 金蓮玉, 正益社, 1981. 2. 15
12. 都市計劃, 鄭三石, 技文堂, 1998. 1. 5
13. 東亞原色世界大百科 事典, 東亞出版社 百科事典部, 株式會社 東亞出版社, 1983. 11. 5
14. 동아프라임 국어사전, 동아출판사 편집국, 동아인쇄공업(주), 1971. 1. 15
15. 두산세계 대백과EnCyber, 야후!백과사전
16. 만화로 읽는 실전 풍수인테리어 1, 정암김종철, 공문룡, 도서출판 무한, 1996. 7. 30
17. 만화로 읽는 실전 풍수인테리어 2, 정암김종철, 공문룡, 도서출판 무한, 1996. 7. 30
18. 만화로 읽는 실전 풍수인테리어 3, 정암김종철, 공문룡, 도서출판 무한, 1996. 10. 5
19. 명당론(한글판), 張龍得, 南榮文化社, 1980. 1. 6
20. 브리테니커 세계 대백과 사전, 한국 브리테니커 회사, 웅진출판주식회사, 1994. 2. 5
21. 세계 대백과 사전, 고정일, 동서문화, 1999. 8. 1
22. 世界人名大事典, 金種奇, 文公社, 1973. 3. 12
23. 실용풍수인테리어, 최전권, 좋은글, 1997. 9. 13
24. 原色科學 大事典, 禹泰榮, 正學社, 1980. 1. 10
25. 流體力學, 河在賢, 朴正基, 廉東洙, 蔡京熙, 普文堂, 1993. 3. 1
26. 유체역학 및 기계, 김장호, 장부규, 기구문화사, 1997. 5. 10
27. 전쟁과 기상, 반기성, 명진출판(주), 2001. 5. 31
28. 傳統風水地理, 林鶴燮, 明文堂, 1993. 8. 25
29. 朝鮮의 風水, 崔吉城, 民音社, 1990. 3. 10
30. 좋은땅이란 어디를 말함인가, 최창조, 서해문집, 1990. 5. 15
31. 住居學, 尹張燮, 敎文社, 1982. 3. 4
32. 周易, 崔完植, 惠園出版社, 1997. 9. 24
33. 地球科學, 金昭九, 沈仲燮, 淸文閣, 1992. 1. 10

34. 地理明鑑 陰宅要訣全書, 金榮昭, 明文堂, 1979. 5. 25
35. 地理八十八向眞訣(山書), 金明濟, 明文堂, 1982. 6. 10
36. 地形學, 權赫在, 도서출판 法文社, 1974. 5. 20
37. 청오경, 금낭경, 최창조, (주)민음사, 1993. 12. 5
38. 최신학생 대백과 사전, (주)학원출판공사 편집국, (주)학원출판공사, 2000. 2. 10
39. 太陽 에너지, 鄭玹采, 新星印刷社, 1980. 1. 20
40. 土質力學, 鄭寅畯, 金翔圭, 東明社, 1977. 2. 25
41. 風水祕訣, 秋松鶴, 生活文化社, 1982. 7. 20
42. 풍수지리와 건축, 박시익, 경향신문사, 1997. 3. 18
43. 風水地理學, 李漢鐘, 오성출판사, 1996. 2. 10
44. 下水道學, 崔榮博, 嚴元鐸, 螢雪出版社, 1980. 2. 25
45. 학원세계 대백과 사전, (株)學園出版公社 辭典編纂局, (株)學園出版公社, 2001. 1. 15
46. 한국명당과 택지, 김성영, 고려문학사, 1999. 3. 15
47. 한국 민족문화 대백과 사전, 한국정신문화 연구원, 웅진출판주식회사, 1991. 12. 30
48. 한국의 풍수지리와 건축, 박시익, 일빛출판사, 1999. 8. 15
49. 항공기 어떻게 나는가, 김승조, 정인식, 김기욱, 김범수, 박춘배, 京文社, 1993. 3. 2
50. PASCAL 세계 대백과 사전, 고정일, 동서문화, 1999. 8. 1
51. 명당 백문백답, 김종철, 오성출판사, 1995. 1. 10
52. 龜尾 天生山 雙龍寺 境內 斷穴쇠말뚝에 대한 學術硏究 報告書, 地理學 博士 李夢日, 龜尾市, 大韓輿地 硏究所, 大韓佛敎 曹溪宗 禪學院, 1998. 8. 14

그림 순서

그림(1-1) 명당의 위치도
그림(1-2) 공기의 층계
그림(1-3) 바람의 속도와 체감온도(등고선 지도)
그림(1-4) 바람의 속도와 체감온도(실제 지형)
그림(1-5) 동일지층과 이질지층(단면도)
그림(1-6) 동일지층의 연장선상에 위치한 건물
그림(1-7) 대칭 균형(Ⅰ)
그림(1-8) 대칭 균형(Ⅱ)
그림(1-9) 비대칭 균형(Ⅰ)
그림(1-10) 비대칭 균형(Ⅱ)
그림(1-11) 불균형상태(Ⅰ)
그림(1-12) 불균형상태(Ⅱ)

그림(1-13) 균형과 균형중심의 강조
그림(1-14) 바람이 잠시동안 머물다 흘러가는 ○○지역
그림(1-15) 바람의 이동로를 벗어난 좋은 건물지역
그림(1-16) 강의 형태와 아파트
그림(1-17) 동일지층에 위치한 안정된 아파트
그림(1-18) 명당지역
그림(1-19) 안산을 갖춘 아파트
그림(1-20) 안산을 갖춘 아파트 명당 위치도
그림(1-21) 대귀격(大貴格)의 안산
그림(1-22) 부봉사(富峰砂)의 산
그림(1-23) 문필봉(文筆峰)의 산
그림(1-24) 균형과 안정을 유지한 건물
그림(1-25) 부봉사(富峰砂)형태의 건물
그림(1-26) 문필봉(文筆峰)형태의 지붕을 갖춘 학교
그림(1-27) 주택 정면에 길게 뻗은 도로
그림(1-28) 골짜기에 위치한 건물
그림(1-29) 골목바람 위치도
그림(1-30) 건물 모서리 인접
그림(1-31) 무정한 강물
그림(1-32) 이질지층의 지역
그림(1-33) 건물측면의 높은 벽면 인접
그림(1-34) 규봉(窺峰)의 전망
그림(1-35) 현군형(懸裙形)의 사(砂)
그림(1-36) 화산형(火山形) 사(砂)
그림(1-37) 시각적 집점(集點)이 2개인 건물
그림(1-38) 화산(火山)의 형태를 갖춘 건물
그림(2-1) 동서사택 기본 방위도
그림(2-2) 동·서 사택론 기본방위도
그림(2-3) 동사택(東舍宅) 기본방위도
그림(2-4) 서사택(西舍宅) 기본방위도
그림(2-5) 동사택의 좋은 주택
그림(2-6) 서사택의 좋은 주택
그림(2-7) 부적절한 주택의 구성
그림(2-8) 동사택 침실 배치 방위도
그림(2-9) 서사택 침실 배치 방위도

그림(2-10) 침실 배치 따라하기 Ⅰ
그림(2-11) 침실 배치 따라하기 Ⅱ
그림(2-12) 침실 배치 따라하기 Ⅲ
그림(2-13) 침실 배치 따라하기 Ⅳ
그림(2-14) 침실 배치 따라하기 Ⅴ
그림(2-15) 침실 배치 따라하기 Ⅵ
그림(2-16) 침실 배치 따라하기 Ⅶ
그림(2-17) 침실 배치 따라하기 Ⅰ
그림(2-18) 침실 배치 따라하기 Ⅱ
그림(2-19) 침실 배치 따라하기 Ⅲ
그림(2-20) 침실 배치 따라하기 Ⅳ
그림(2-21) 침실 배치 따라하기 Ⅴ
그림(2-22) 침실 배치 따라하기 Ⅵ
그림(2-23) 침실 배치 따라하기 Ⅶ
그림(2-24) 침실의 잘못된 침대 배치
그림(2-25) 침실의 적절한 침대 배치
그림(2-26) 공부방의 책상 배치
그림(2-27) 등뒤에 출입문이 있는 책상 배치(부적절한 배치)
그림(2-28) 창문앞에 배치된 책상(부적절한 배치)
그림(2-29) 적절한 책상 배치 형태(좋은 배치)
그림(2-30) 공부방의 가구 배치(부적절한 배치)
그림(2-31) 실내 가구 배치
그림(2-32) 대칭 균형의 가구 배치(좋은 배치)
그림(2-33) 비대칭 균형의 가구 배치(좋은 배치)
그림(2-34) 불균형의 가구 배치(부적절한 배치)
그림(2-35) 불균형의 잘못된 가구 배치(부적절한 배치)
그림(2-36) 비대칭 균형의 적절한 가구 배치(좋은 배치)
그림(2-37) 동사택 사무실 배치도
그림(2-38) 서사택 사무실 배치도
그림(2-39) 추가적인 사무실의 자리 조정
그림(2-40) 자리 배치 따라하기 Ⅰ
그림(2-41) 자리 배치 따라하기 Ⅱ
그림(2-42) 자리 배치 따라하기 Ⅲ
그림(2-43) 자리 배치 따라하기 Ⅰ
그림(2-44) 자리 배치 따라하기 Ⅱ

그림(2-45) 자리 배치 따라하기 Ⅲ
그림(2-46) 시계를 이용한 방향 측정법 1-Ⅰ
그림(2-47) 시계를 이용한 방향 측정법 1-Ⅱ
그림(2-48) 시계를 이용한 방향 측정법 1-Ⅲ
그림(2-49) 시계를 이용한 방향 측정법 2-Ⅰ
그림(2-50) 시계를 이용한 방향 측정법 2-Ⅱ
그림(2-51) 시계를 이용한 방향 측정법 2-Ⅲ
그림(3-1) 충북 청원군 강외면 쌍청리 새터마을(신석기 주거지)
그림(3-2) 쌍청리 새터마을 신석기 주거지에서 바라본 전경
그림(3-3) 둔산 선사유적지(신석기 시대 주거지)
그림(3-4) 둔산 선사유적지(청동기 시대 주거지)
그림(3-5) 경주 반월성 내부전경(慶州月城)
그림(3-6) 사신도(진파리 1호분 청룡도)
그림(3-7) 풍수침략용 쇠말뚝(천생산 쌍룡사 주지스님이 짚고 계시는 모습)
그림(3-8) 천생산 쌍룡사 뒤 바위속에 일제가 박은 풍수침략용 쇠말뚝
그림(3-9) 천생산 쌍룡사뒤 바위속에서 쇠말뚝을 최초 발견한 쌍룡사 주지 석불스님께서 쇠말뚝이 박혀있던 자리를 가르키고 계시는 모습
그림(3-10) 풍수침략용 쇠말뚝을 박은후 은폐를 위하여 석축을 쌓은 흔적
그림(3-11) 쇠말뚝이 박혀있던 천생산(故 박대통령 생가에서 바라본 모습)
그림(3-12) 고속도로 개설로 인해 훼손된 산맥
그림(3-13) 대형장비를 동원한 공사현장
그림(3-14) 산맥의 잘린 형태 Ⅰ
그림(3-15) 산맥의 잘린 형태 Ⅱ
그림(3-16) 목산(木山) : 직선적인 형태의 산
그림(3-17) 화산(火山) : 불꽃 모양의 산
그림(3-18) 토산(土山) : 산의 정상부가 수평의 형태를 갖춘 산
그림(3-19) 금산(金山) : 둥근 형태의 산
그림(3-20) 수산(水山) : 물흐름의 모습을 갖춘 산
그림(3-21) 생룡(生龍)의 형태(Ⅰ)
그림(3-22) 생룡(生龍)의 형태(Ⅱ)
그림(3-23) 장풍국의 ○○지역
그림(3-24) 장풍국의 ○○지역
그림(3-25) 서울의 주산(북악산)과 좌청룡
그림(3-26) 서울의 주산(북악산)과 우백호
그림(3-27) 서울의 안산(남산)

그림(3-28) 서울의 조산(관악산)
그림(3-29) 오행의 상생·상극
그림(3-30) 나경(羅經)의 모양
그림(3-31) 나경(제1선 황천수 측정)
그림(3-32) 나경(제2선 팔요풍 측정)
그림(3-33) 나경(제3선 오행 측정)
그림(3-34) 나경(제4선 좌향측정)
그림(3-35) 나경(제5선 분금선 측정)
그림(3-36) 태조봉, 중조봉, 소조봉, 혈
그림(3-37) 입수(入首)위치도
그림(3-38) 선익과 전순
그림(3-39) 와혈(窩穴)
그림(3-40) 겸혈(鉗穴)(전순 부분)
그림(3-41) 유혈(乳穴)
그림(3-42) 돌혈(突穴)
그림(3-43) 좌청룡(左靑龍)
그림(3-44) 우백호(右白虎)
그림(3-45) 안산 및 조산
그림(3-46) 일자문성의 형태 Ⅰ
그림(3-47) 일자문성의 형태 Ⅱ
그림(3-48) 일자문성의 형태 Ⅲ
그림(3-49) 토사를 제거한 후 산의 모습
그림(4-1) 유관과 유체역학
그림(4-2) 공기의 층계
그림(4-3) 지하수 분포 상태
그림(4-4A) 산의 절단에 따른 식물생장의 변화
그림(4-4B) 산의 절단에 따른 지하수맥 절단
그림(4-5) 유석 조병옥 박사 생가
그림(4-6) 용두리 조병옥 박사 생가 지역
그림(4-7) 생가와 좌청룡
그림(4-8) 생가와 우백호
그림(4-9) 생가와 안산
그림(4-10) 생가와 주산
그림(4-11) 바람의 단면적
그림(4-12) 동일지층의 연장선상에 위치한 생가

그림(4-13) 생가를 중심으로 원을그리듯이 흐르고있는 녹동천
그림(4-14) 생가 지역 바람속도 측정
그림(4-15) 세종대왕 왕릉(경기도 여주 소재)
그림(4-16) 영릉의 주산과 안산
그림(4-17) 영릉 좌청룡 부분
그림(4-18) 안정된 지형위에 위치한 영릉
그림(4-19) 영릉 지열 외부바람 입구
그림(4-20) 영릉지역 내부바람 단면적
그림(4-21) 동일지층의 연장선상에 위치한 영릉
그림(4-22) A1지역 최대풍속 측정
그림(4-23) A1지역 평균풍속 측정

표 순서

표(1-1) 균형과 불균형 상태 비교
표(1-2) 바람·물·지형의 상호관계
표(2-1) 동사택 길흉 방위표
표(2-2) 서사택 길흉 방위표
표(2-3) 일출 일몰시각(2022년 기준)
표(3-1) 고려시대 과거의 과별 시험과목
표(3-2) 조선시대 과거(雜科) 시험과목
표(3-3) 산맥절단에 따른 대표적인 변화내용
표(3-4) 오행의 종류
표(3-5) 음양오행설
표(4-1) 유체의 종류
표(4-2) 대기의 성분(건조공기)
표(4-3) 표준대기
표(4-4) 보우퍼트(Beaufort)의 풍력계급
표(4-5) 체감온도 산출 결과
표(4-6) 풍속 측정 결과
표(4-7) 이론과 실제의 차이
표(4-8) 체감온도 산출 결과
표(4-9) 풍속 측정 결과
표(4-10) 이론과 실제의 차이

책을 마치면서

"우리는 민족 중흥의 역사적 사명을 띠고 이 땅에 태어났다."
전선(戰線)의 차가운 달빛 아래서 초병근무를 할 때면 고향에 계시는 부모님과 형제 생각에 하염없이 흐르는 눈물을 주체할 수 없고, 적의 포위망에 갇혀서 뒤에는 적의 총탄이 날아들고 앞에는 적의 포탄이 화망(火網)을 구성하여 거리를 좁혀올 때 생사의 운명은 조국에 맡겨두고 포탄 속으로 처절한 몸부림을 해야 하는 전쟁터, 천운으로 목숨을 건지고 보니 배낭은 갈기갈기 찢어져 흔적마저 희미하고 소총은 형태만 남아 있더라는 선친의 말씀 속에서 전쟁의 참혹함이란 필설로 표현한다는 그 자체가 어불성설이라 하겠다.
나의 선친께서는 1950년 8월 학도병으로서 63명의 동창생과 전쟁에 참전하시어 팔공산지구 전투와 지리산 공비토벌작전, 주문진 상륙작전, 884고지 전투, 향로봉지구 전투, 설악산지구 전투, 소작봉지구 전투 등 전쟁기간 동안 소총수, 기관총 탄약수, 첨병, 전령, 분대장 등의 직책으로 끝도 없이 이어지는 생(生)과 사(死)의 경계선을 넘어 3명의 생환자 중에 포함되어 고향으로 복귀하셨다. 전쟁이 끝나고 팔순의 고개를 넘고 계시는 그때에도 전투의 악몽에 시달리던 아버님의 전쟁무용담을 들으면서 아버님의 형언할 수 없는 고통의 세월을 지나 내가 이땅에 태어날 수 있었다는 것을 알게 되었다.

나의 출생뿐만 아니라 지금 이땅에 태어나 살고 있는 우리모두의 출생을 위해 돌이켜보면 우리의 선조들께서는 가깝게는 한국전쟁에서부터 임진왜란, 병자호란 등 역사 속의 끝없는 전쟁에서 싸워 이겨서 오늘의 우리들을 이 자리에 서있게 하신 것이다.

형언할 수 없는 천신만고의 끝에서 태어난 우리는 우리의 후손들을 위해 대한민국 이 땅에 영광의 역사를 남겨주어야 하고 이총(耳塚)의 역사와 환향녀(還鄕女)의 역사는 결코 남겨주어서는 안 될 역사이며, 지금 이땅에 태어나 살고 있는 우리 모두는 민족중흥의 역사적 사명을 띠고 이 땅에 태어난 것이다.

역사란 '인간 사회의 변천 및 발전의 과정'으로서 어느날 갑자기 민족 중흥이 이루어지는 것이 아니라 이 시대에 살고 있는 우리 모두의 생각과 행동 하나 하나가 모이고 모여서 21세기 대한민국의 역사가 이루어지는 것이다. 중국의 성현 맹자(孟子)가 있기까지는 맹모삼천지교(孟母三遷之敎)의 지극한 자식 사랑과 주변 환경이 있었기 때문에 가능한 일이었다.

그러나 오염된 공기와 물과 각종 소음 등 공해로 인해 환경이 파괴되고 죽어버린 공간 속에서는 민족중흥이 아니라 인류의 생존마저 불투명하게 될 것이다. 따라서 우리는 자연환경을 보호하고 유지하여 우리의 후손들에게 쾌적한 환경을 전해주어야 한다. 생태계가 살아있고 자연이 살아있는 공간 속에서 우리 후손들의 행복한 삶도 있는 것이고 세계와의 경쟁도 있는 것이며, 내일을 위한 재충전의 시간도 그리고 오늘 하루의 피로도 풀 수 있는 것이다.

그러나 인간의 필요에 의해 자연환경을 훼손한다면 훼손된 자연환경만큼 우리의 삶도 훼손된다. 예를 들어 산맥을 절단하게 되면 지하수의 수위는 산맥의 절단된 깊이 이상으로 낮아지게 되어 계곡 및 하천으로 흐르는 물의 양이 줄어들게 되며, 생태계의 연장선이 절단되어 동물의 번식력 제한과 각종 생명의 고리도 끊어지고 절단된 산맥을 연한 바람의 속도 변화에 따른 체감온도 변화뿐만 아니라 바람의 이동로 변화와 더불어 구름의 이동로도 변화하게 되어 가뭄과 호우 발생의 원인이 될 수 있으며, 지하수 수위 저하로 우물물뿐만 아니라 개울물이 줄어들고 나아가 하천물과 강물 수위가 낮아지게 되며 저수지의 담수율도 변화되는 등 인간생활 자체를 위협하게 된다. 지금 당장 눈앞에 그 피해의 결과가 보이지 않는다고 해서 또는 현재의 학문으로 보았을 때 이상이 없다고 해서 문제가 없다고 할 수는 없다. 과학적으로 입증이 안되었다고, 내가 보지 않았으니 모두 믿을 수 없다는 것은 내가 바다를 본 일이 없다고 바다가 없는 것이 아니라, 바다는 그 자리에 존재하는데 내가 보지 못했을 뿐인 것이다.

우리들 삶의 터전인 이땅을 지키기 위해 우리의 선조들께서 목숨을 바쳐 지켜온 이곳을 우리 스스로가 파괴해서는 안되는 것이다. 우리는 환경을 지키고 가꾸어서 쾌적하고 생명력 있는 환경 속에서 내일을 위한 충분한 휴식을 취할 수 있어야 하며, 하루의 피로를 말끔히 풀어야 하고 또 미래를 위해 주경야독하는 준비의 공간이 되도록 해야 한다.

오늘도 밤하늘엔 별이 빛나고 꽃향기 가득한 아름다운 내조국의 품안에서 나의 할아버지 분들의 모습과 내 후손들의 모습을 생각해 보면 촌각을 다투어 주경야독하는 자세가 필요하며, 세계와의 경쟁을 결코 내일로 미룰 수는 없는 일이다.

학생은 학생답게 열심히 공부하고 기술인은 기술인답게 세계 일류를 위해 최선을 다했을 때 우리 대한민국은 세계 일류국가로 발전하고 세계사 속에 영광의 역사를 남기게 될 것이다. 독자 제현 모두가 희망찬 내일을 위해 오늘을 쾌적한 주거 환경 속에서 휴식하고 재충전하는 시간을 가지기를 기대하는 바이다.

내 집 명당 만들기

초판 1쇄 발행일 2022년 9월 1일

지은이 김영덕
펴낸이 곽혜란
편집장 김명희
디자인 김지희

도서출판 문학바탕
주소 (06151) 서울시 강남구 테헤란로 323 휘닉스빌딩 1008호
전화 02)545-6792
팩스 02)420-6795
출판등록 2004년 6월 1일 제2-3991호

ISBN 979-11-86418-83-3 (03150)
정가 17,000원

* 이 책의 저작권은 저자에게 있으며 이 책의 전부 또는 일부를
  이용하시려면 저작권자의 서면동의를 받아야 합니다.
* 이 책은 국립중앙도서관, 국회도서관 홈페이지에서 검색 가능합니다.
* 문학바탕, 필미디어는 (주)미디어바탕의 출판브랜드입니다.